話說淡水

Поговорим о Даньшуе

中文・俄文對照
Китайско-русский

編著 / 吳錫德　　翻譯 / 馬良文　　插畫 / 陳吉斯

淡江大學出版中心

市長序

淡水擁有秀麗的河海景觀、豐富的人文意象，素為臺灣的代表性據點之一，也是許多人心靈的原鄉。回顧歷史，淡水曾經是臺灣的第一大港，也是北臺灣最早接觸到西方文明之處，而幾百年發展的沉澱，也造就淡水今日「世界遺產潛力點」的實力。新北市政府一定盡全力讓這片土地上的珍貴資產，能得到妥善的保存，讓更多人能意識到文明累積之不易，進而去探究巍峨建築背後，所蘊藏著一則又一則的動人故事。

自 1950 年在淡水創校迄今已逾一甲子的淡江大學，是臺灣相當重要的高等學府，孕育無數優秀人才。由淡江大學來出版《話說淡水》多語導覽手冊，可以說是再洽當也不過，這本手冊包含英、西、法、德、日、俄等不同外語的譯本，展現國際化、資訊化及未來化的教育觀，可以幫助國際友人了解淡水，更可以提高淡水的國際能見度。

值《話說淡水》付梓之際，期待本書成為世界各地人士深入認識臺灣的入門磚，也藉由淡水豐富資源之躍然紙上，呈現新北市的地靈人傑，鼓勵人們積極探訪這座無盡藏的美麗城市。

新北市 市長

Предисловие мэра города

Даньшуй выделяется прекрасными видами на реку и море и богатым культурным наследием: это один из самых примечательных городов Тайваня и в то же время духовная родина для многих тайваньцев. Исторически же Даньшуй – первая гавань Тайваня и место первого контакта жителей острова с западной цивилизацией. Как плод трехсотлетнего развития, Даньшуй сегодня является восприемником всей мировой культуры. Правительство города Синьбэйши делает все возможное для того, чтобы сохранить и умножить культурное значение Даньшуя и дать возможность как можно большему числу людей прикоснуться к сокровищам исторического наследия этого городка.

С 1950 г. до сегодняшнего дня в Даньшуе имеется университет Тамканг – одно из ведущих высших учебных заведений Тайваня, воспитавший множество выдающихся деятелей. Издание этим университетом книги «Рассказы о Даньшуе» как нельзя более уместно и своевременно. В этой книге представлены английский, японский, испанский, французский и русский переводы китайского текста, так что этот сборник сам по себе является памятником современной интернационализации образования, его сращивания с информатикой и обращенностью в будущее. Сборник поможет иностранным учащимся лучше понять Даньшуй и будет способствовать международному признанию города.

Надеюсь, что «Рассказы о Даньшуе» станут удобным введением в познание Тайваня людей разных стран и континентов. И пусть содержание книги подтолкнет читателей к углубленному изучению этого прекрасного города.

朱立倫

Мэр г. Синьбэйши,
Чжу Ли-лунь

目次

Содержание

公路

淡江大學

水源路

學府路

英

淡水捷運站

中正東路

紅樹林站
紅樹林生態展示館

竹圍站

關渡橋

基隆河

淡水河

浮洲

淡水文化園區-殼牌倉庫

Tamsui
01

歷史上的淡水

淡水，台灣最富傳奇色彩的山城河港。數百年來，接納一波波
來自南海及中國大陸的移民，人來人往，蒼海桑田。

這些豐富有趣、變化萬千的時空故事，直到今天都仍然保留著
彌足珍貴的痕跡。從淡水對岸的觀音山頂上眺望，在長河、山
丘與大海之間，淡水迷人的「山城河港」特色一覽無遺。三百
年前的古城堡、傳統的老街古廟、異國風情的洋樓、豐富多樣
的美景，甚至岸邊急駛而過的捷運班車，還有悠閒漫遊的自行
車群……這一切既幸福，又愜意！

淡水在哪裡？

淡水在台北盆地西北方，濱臨台灣海峽，為淡水河的出海口。東邊與台北市北投相接，北與三芝為鄰，南方則隔淡水河與八里對望。境內多為大屯火山的餘脈散佈，是為五虎崗。只有南邊沿淡水河岸有狹小的平原。

新淡水八景

1. 埔頂攬勝（紅毛城一帶之埔頂地區）
2. 大屯飛翠（大屯山）
3. 沙崙看海（沙崙海灘）
4. 水岸畫影（淡水河岸）
5. 紅樹傍橋（紅樹林、關渡大橋）
6. 河口霞天（淡水河口）
7. 觀音水月（觀音山）
8. 滬街訪古（淡水老街）

「淡水」的由來

據歷史學者陳宗仁考證，古時中國船隻航行各地必須補充淡水，「淡水」意指可停留補充淡水之地。17 世紀，西方殖民勢力進入東亞，台灣位居東亞貿易轉運點，做為北台灣重要河港的淡水其地位更形重要。「淡水」之名亦紛紛出現於當時西方人編製的地圖與文獻典籍中，常見拼法有「Tanchui、Tamchuy」（西班牙語）、「Tamsuy」（荷蘭語）等。這些皆由「淡水」音轉而來，顯見至 17 世紀當時「淡水」一名已被接受成為慣稱，而當時「淡水」的範圍泛指淡水河口附近海面、淡水港及其周邊地域。

「滬尾」之意

滬尾為淡水古名，關於「滬尾」地名由來概有四說：(一)滬魚說、(二)魚尾說、(三)石滬說、(四)原住民音轉說。歷史學者張建隆撰有〈滬尾地名考辨〉一文，指出一份繪於雍正年間的《臺灣附澎湖群島圖》，圖中可見淡水營西方標有「滬尾社」之名，進一步證明滬尾名稱是由原住民音轉而來。

尋奇對話

Q 這裡取名「淡水」還真有趣？

A 這個名字的由來有好幾種說法：一說是漢人船民能在這裡找到淡水，所以才這樣稱呼這裡。另一個古名叫「滬尾」（Hobe），應該就是這裡的最早原住民的名稱。

Q 繼漢人之後，還有哪些國家的勢力來過這裡？

A 最早是荷蘭人，接著有西班牙人、法國人、英國人，最後就是日本人。日本人因為打敗了清廷，獲得割地賠償，佔領台灣 50 年，直到 1945 年才還給漢人。

Q 現在這裡就是漢人的社會，人口幾乎都是漢人！漢人是什麼時間大量移入的？

A 這裡離中國大陸很近，最近的只有 130 公里。從 18 世紀起即已有大批大陸沿海的居民非法並大批遷移至此。淡水就是進入北台灣的唯一大港。清廷最後在 1885 年正式將台灣畫入版圖，設置省會。

Q 美國好萊塢電影公司曾在此拍製一部電影，片名叫做《聖保羅砲艇》（The Sand Pebbles），由史迪夫‧麥昆（Steve McQueen）主演？

A 是的。那是 1965 年在淡水拍攝的。這裡做為 1926 年中國大陸長江的背景。美國這艘船艦捲入中國內戰的故事。

Q 所以淡水應該有許多歷史古蹟？

A 是的。這裡有許多比台灣其他城市還更多、更豐富的古蹟。而且文藝活動也很活躍。現在更是北台灣重要的觀光及休閒城鎮。

渡船頭

淡水渡船碼頭是古代漢人移入北台灣的最大港口，早年這裡也是內河航運的轉口。二三百年前風帆點點，魚貫入港，人聲鼎沸的場景只留在畫冊或傳說裡。日據時代基隆港取代它的海運地位，1982 年關渡大橋通車後，渡輪逐漸沒落，僅剩淡水至八里的渡船仍繼續營運。藍色船身的機動交通船悠閒地來回兩地，一副與世無爭、世外桃源的景致。及至 2004 年浮動式碼頭完工，以及藍色公路的開闢，便利觀光小船停靠，銜接漁人碼頭、八里渡船頭、八里左岸或關渡碼頭，帶動全新且現代式的旅遊觀光潮。

淡水渡輪

淡水渡船碼頭是古代北台灣的主要口岸，自古船來船往，絡繹不絕。新式客船碼頭於2004年7月完工，浮動式碼頭便利觀光小船停靠，帶動淡水水運交通及觀光效益。

遊船銜接鄰近景點漁人碼頭、八里左岸，不僅可以延伸遊玩範圍，更可從河上一覽陸地風光。傍晚時分，夕陽灑落河面，波光粼粼，遠方的觀音山猶如一幅巨型的山水畫。在此搭上渡輪，觀賞淡水河岸與遠方的關渡大橋，別有一番風貌。除了有山、海、河、城的多重景觀，每到夕陽西下，河面變成了金黃色。夜晚，明月映照河面，白色水光令人心搖神馳。

藍色公路

「藍色公路」的發想是開發淡水河及基隆河的觀光河運，自2004年2月開航，目前已有8條內河航線，載客量已超過100萬人次。沿途有導覽說明，尤其可近距離觀看河面生態，十分知性及愜意。另外，由淡水出發，亦規劃有北台灣藍色公路及北海岸藍色公路兩條海上藍色公路航線，是延伸淡水觀光範圍及提供更多元休閒旅遊的設計。

為吸引日籍觀光客搭乘，更開發出全日語導覽行程。對岸台北港更規劃有直航大陸福州的船班，以引進更多的陸客。

淡水夕陽

淡水山河交接，西向背東，每逢日落時分，浩浩江水映著滿天霞光，氣象萬千。自古不知引發多少騷人墨客歌詠，亦不知吸引多少畫家攝影屏息讚嘆。尤其每逢秋高氣爽時節，霞光鋪天蓋地而來，映著整座河岸城鎮，灑落在每個行人遊客身上，令人滿心幸福，流連忘返。

〈流浪到淡水〉

作詞、作曲 / 陳明章　編曲 / China Blue

有緣　無緣　大家來作伙
燒酒喝一杯　乎乾啦　乎乾啦
扞著風琴　提著吉他　雙人牽作伙　為著生活流浪到淡水
想起故鄉心愛的人　感情用這厚　才知影癡情是第一憨的人
燒酒落喉　心情輕鬆　鬱卒放棄捨　往事將伊當作一場夢
想起故鄉　心愛的人　將伊放抹記　流浪到他鄉　重新過日子
阮不是喜愛虛華　阮只是環境來拖磨
人客若叫阮　風雨嘛著行　為伊唱出留戀的情歌
人生浮沈　起起落落　毋免來煩惱　有時月圓　有時也抹平
趁著今晚歡歡喜喜　鬥陣來作伙　你來跳舞　我來唸歌詩
有緣　無緣　大家來作伙
燒酒喝一杯　乎乾啦　乎乾啦　（重覆三次）

15

尋奇對話

Q 到淡水真的很方便！從台北車站到這裡只花了 35 分鐘，而且沿途風景很不錯！

A 現在台北的捷運網越來越密集，越方便，可以吸引更遠方的旅客。所以每逢週末或假日，這裡可說「遊人如織」。

Q 除了捷運連接，其他交通路線好像也很方便。

A 從台北市區到這裡也可以走公路或水路。不過，對不開車的人來講，搭乘捷運是最方便的。捷運是 1997 年通車的，原先的路基是日本人興建的淡水火車支線，從 1901 年行駛到 1988 年。

Q 我們也可以搭船到淡水！

A 是的！2005 年起，旅客可以從台北舊市區大稻埕上船，一路遊覽到淡水，甚至到出海口的「漁人碼頭」。2007 年起，還可以搭乘一艘仿古的美式餐船「大河號」，一路吃喝休閒觀光到淡水！

Q 淡水好像人口也很多，而且年輕人特別多！

A 淡水區的人口有 15 萬餘人，實際應更多。因為有 5 所大學之故，流動人口相當多。加上緊臨台北，交通便捷，房價也比較低些，很多年輕夫婦就選在淡水定居。

Q 來此地觀光的旅客應該也很多吧？

A 「淡水夕照」一直是台灣八景之一，自古觀光旅客就很多。目前它還是名列觀光客最喜歡一遊的十大觀光景點。淡水地區每年吸引觀光客達 500 萬人次。

Tamsui
03

紅毛城

紅毛城，1628 年由當時佔領台灣北部的西班牙人所建。1644 年
荷蘭人於原址予以重建。因漢人稱荷蘭人為「紅毛」，當地人
習稱此地為「紅毛城」。鄭成功擊退荷蘭人，短暫經營此地，
清廷亦加以整修，做為防禦要塞。1867 年被英國長期租用，當
作領事館辦公地點，並於 1891 年在其後方建成一座維多利亞
風格之建物，做為領事公邸。1972 年英國與我國斷交撤館，轉
交澳大利亞及美國托管，一直到 1980 年，該城產權才轉到我
國。紅毛城為台灣現存最古老的建築之一，也是國定一級古蹟。
2005 年 7 月整建後改為「淡水古蹟博物館」。

〈滬尾紅毛城〉

〔…〕遠望濤頭一線而至，聲隆隆如雷，令人作吞雲夢八九之想。頃之，夕陽向西下，金光閃爍，氣象萬千，所有兩崖煙雲竹樹、風帆沙鳥，一齊收入樓台中，層見迭出，不使人一覽可盡，洋洋奇觀哉……。

吳子光，苗栗銅鑼人，清同治年間舉人，經通經史子集，被譽為「1900年前台灣第一學問家」。丘逢甲即其弟子。1866 年，他於淡水候船赴大陸應試，閒遊此地，撰文〈滬尾紅毛城〉。

荷蘭城堡

即「紅毛城」主樓，原址為西班牙所建，原以木頭築成，因曾被漢人焚毀，於 1637 年改以石材重建。工事完成不久，西班牙決定撤軍，下令摧毀該城。荷蘭駐軍於 1644 年 5 月動工重建。除了石材，還遠道自印尼運來上好石灰與磚頭，挖深地基，也使用穹窿式構造，證明荷蘭人有心要建造一座堅固的城堡。1662 年鄭成功驅逐了南部荷蘭人，淡水之守軍亦隨之撤走。1863 由英國人租用，將此炮城改為領事辦公室、住宅及四間牢房。

英國領事館公邸

淡水英國領事公邸為紅磚造陽台殖民地樣式建築，有獨特熱帶地區防暑的拱廊設計，斜屋頂等特徵，由當時駐淡水英國領事聘請英國建築師設計，紅磚及匠師可能來自福建廈門。領事公邸底樓西側為客廳及書房，東側為餐廳及廚房，後側為洗衣間及數間傭人房。二樓有三間大臥室及貯藏室。四周綠地，闢有玫瑰園，公邸迴廊是喝下午茶的場所。淡水領事公邸用材極為講究，設計雅致，是大英帝國在東亞地區僅存少數的較早期洋樓。

尋奇對話

Q 英國人也應該是漢人眼中的「紅毛」吧？

A 是的。過去我們中國人一向稱外國人為「紅毛仔」，因為西方的白人都有一頭紅棕色頭髮。紅毛城將近400年的歷史中，先後被西班牙、荷蘭、明鄭成功、清朝、英國、日本、美國、澳洲的經營。認識紅毛城，等於走一趟台灣近代史。

Q 英國人在台灣一共蓋了幾間「領事館」？

A 一共三間。最早一間在高雄，其次是安平，淡水這間應是最晚蓋成的，規模應該是最大的，視野及維護應該也是最好的。不過，三間的風格都很類似，即維多利亞式，俗稱「殖民地式建築」。

Q 當時領事館業務應該很龐大吧？

A 1860年開放淡水為國際通商港埠後，台灣的對外貿易就遽增了很多。尤其是茶業和樟腦的出口。主要是輸往中國大陸。

Q 1895 年日本殖民台灣，英國人還留下來嗎？

A 是的。依國際法這塊地還是屬於英國政府。所以英國人繼續留下來。直到第二次世界大戰期間才撤走。戰後他們又回來向中華民國政府索回。

Q 英國人為何遲至 1980 年才肯交回這塊地？

A 英國人應該一直都捨不得交出這塊地。即便 1972 年他們就與我國斷交，還是在法理上繼續擁有這塊地。我們是費了很多努力才要回它的。不然，我們今天也不可能上這兒來的！

Tamsui
04

馬偕、教會、學校

加拿大人馬偕是淡水最知名的外國人，有一條街以他的名字命名，由他一手創辦的馬偕紀念醫院至今還日夜在服務成千上萬的台灣人。他一輩子行醫、傳教、興學，幾乎以淡水為家，前後近 30 年。最後歿於斯，葬於斯。馬偕 27 歲時離開家鄉，1872 年 3 月抵達淡水，就決定在此落腳，宣教基督長老教會。他自美加兩地募款，興建醫館，中法滬尾之役，協助照料清廷傷兵；他沒有牙科醫學訓練，卻幫台灣人拔了 2 萬多顆蛀牙。他還自國外輸入蔬菜種子：蘿蔔、甘藍菜、蕃茄、花椰菜、胡蘿蔔等。

淡水禮拜堂

淡水禮拜堂，位於馬偕街上。目前的建物改建於
1932 年，由馬偕之子偕叡廉（George W. Mac-
kay） 所設計，為仿歌德式的紅磚建築，有一方
型鐘塔，內部為木架天花板，且保存一個自 1909
年開始使用的古風琴。淡水禮拜堂是淡水地區最
大的台灣基督教長老教會聚會所，約可容納 300
人。此教堂曾在 1986 年修建屋頂。教堂外觀以
極佳品質的紅磚構成，且牆面變化有序，據傳出
自於當年設計名匠洪泉、黃阿樹之手。這座教堂
幾乎是早年淡水的地標，同時也是畫家最愛入畫
的寫生美景。

馬偕傳教士

馬偕（George Leslie Mackay，1844-1901），
生於加拿大安大略省，醫師與長老教會牧師。
台灣人稱其「馬偕博士」或「偕牧師」。西方
歷史學者以「寧願燒盡，不願朽壞」（Rather
burn than rust out）讚賞馬偕的一生。1871
年底到達高雄，隔年起在淡水開始傳教，學習
閩南話，之後還娶了台灣女子為妻。他四處旅
行傳播基督福音，在台灣北部及東部設立二十
餘個教會。1882 年創建牛津學堂（今真理大
學）。2 年後又建立第一個供女子就讀的婦學
堂。其子偕叡廉承接衣缽，創辦了淡江中學。
著有《馬偕日記》，70 多萬字，分 3 冊出版。

淡江中學

淡江中學正式於 1914 年創設，昔稱淡水中學、淡水高女，為加拿大長老教會宣教士馬偕博士父子所創，是台灣罕見的百年老校。不僅其校史見證台灣歷史遞嬗與教育文化變遷。其校園座落依山面海，風光秀麗，綠意盎然。該校建築以歐美名校為藍本，並融入中國傳統建築元素，提供了啟發及培養人文思想的最佳環境。「八角塔」融合了中國的寶塔和西方拜占庭式建築，是淡江中學精神堡壘，由該校幾何老師加拿大宣教士羅虔益（K. W. Dowie）所設計，1925 年 6 月竣工。

尋奇對話

Q 我注意到淡水老市區有一條「馬偕街」，路口的圓環還樹立著馬偕先生的半身雕像。這位加拿大人應該就是淡水的榮譽市民囉！

A 是啊！馬偕博士在台灣30年，以淡水為根據地，一輩子行醫、傳教、興學不遺餘力，造福台灣人甚多！

Q 相對於西班牙、荷蘭，以及後來的法國及日本的強佔，英國人的唯利是圖，這位加拿大人的做法的確教人欽佩！

A 馬偕博士將現代醫學引進到台灣，幫台灣人治病療傷，培養台灣人醫學技術。籌資開設醫院，目前已發展到一所大型現代醫院「馬偕紀念醫院」，全省共有四個分院、3000多個床位、近7000員工。同時還設立馬偕護校及馬偕醫學院。

Q 聽說淡江中學很美，也是著名歌手及作曲家周杰倫的母校？

A 淡江中學可說是台灣最早的一所西式學堂，校舍建築美輪美奐，校園景緻優美，與淡水華人社區相映成趣。他也是馬偕博士所興辦，由其子克紹箕裘。這所中學相當開放，培養許多藝文及經貿人才，包括前總統李登輝也是這裡畢業的！

Q 聽說淡江大學的興辦與它也有關連？

A 是的。淡江大學創辦人張驚聲從日本留學，自大陸返鄉，很想興辦一所大學。他先應聘擔任淡江中學校長，後來順利集資購地，才在 1950 年創立淡江大學。它最初的校址還設在淡江中學裡！

Q 周杰倫好像在這裡拍了一部電影？

A 那部電影叫做《不能說的秘密》（2007）。事實上，淡水一直是電影青睞的拍攝場景，像早期的《聖保羅炮艇》（1966），以及較近的《我們的天空》（1986）、《囧男孩》（2008），還有一齣電視劇《青梅竹馬》（2009）等等。

Tamsui
05

觀音山

觀音山位於淡水河出海口左岸，海拔標高 616 公尺，山頂稱「硬漢嶺」，區內有多座古剎，更增添此山的靈性，其中還有數間供奉觀世音菩薩的觀音寺。西臨台灣海峽，東北隔淡水河遠望關渡，昔日的「坌嶺吐霧」為淡水八大景之一，是登山及健行的好去處。荷蘭統治時代，叫淡水山（Tamswijse berch），但漢人習稱八里坌山，因山邊的原住民部落八里坌社而得名。改稱「觀音山」的說法有二：一說是 1752 年貢生胡焯猷在山路籌建大士觀而得名，一說是由於山稜起伏變化，從關渡一帶眺望時，山形起伏貌似觀音菩薩的面容仰天的側面而得名。

觀音傳奇

觀世音菩薩（梵文：**अवलोकितेश्वर**，Avalokiteśvara），又譯為觀自在菩薩，簡稱「觀音菩薩」，這位佛教神祇是東亞民間普遍敬仰崇拜的菩薩，也是中國民間信仰所崇信的「家堂五神」的首尊，台灣民眾常將之繪製於家堂神畫「佛祖漆」上，與自家所祀神明一同晨昏祭祀。佛教的經典上說觀世音菩薩的悲心廣大，世間眾生無論遭遇何種災難，若一心稱念觀世音菩薩聖號，菩薩即時尋聲赴感，使之離苦得樂，故人稱「大慈大悲觀世音菩薩」，為佛教中知名度最高的大菩薩，有「家家阿彌陀，戶戶觀世音」的讚譽。

福佑宮

福佑宮是淡水最老的廟宇，1732 年左右應已草創，1796 年重建迄今。廟內供奉媽祖，是早期乘船移民及商貿的守護神祇。也是早期全淡水的信仰中心。廟口兩側街道是淡水最早的街衢。大前方即為舊時登岸碼頭。這裡也是淡水發展的起點。中法戰爭期間（1884~85）該廟因佑護漢人免招法國海軍的進侵，獲光緒皇帝頒贈「翌天昭佑」匾額。福佑宮被列為三級古蹟，廟中有古匾額、石柱、石碑等歷史文物。其中 1796 年刻製的「望高樓碑誌」即記載淡水商賈籌建燈塔事蹟。

十三行博物館

十三行博物館位於今淡水河左岸出海口，為一座考古博物館，二級古蹟。
1957 年地質學者林朝棨勘查後定名為「十三行遺址」，後經考古學者
陸續發掘出極具代表性之文物及墓葬等，為距今 1800 年至 500 年前
臺灣史前鐵器時代之代表文化。其人種可能與平埔族中凱達格蘭族有
關。出土重要文物為陶器、鐵器、煉鐵爐、墓葬品及與外族之交易品等。
1989 年動工興建，2003 年 4 月開館營運。博物館週邊區域具豐富多
樣的遺址古蹟、自然保留區、水岸景觀、歷史民俗、產業文化及公共設
施等資源，串聯成為「淡水河八里左岸文化生態園區」。

尋奇對話

Q 這裡為什麼叫做「十三行」？

A 因為清末有十三家洋行在這裡設了分行，當地人就稱它「十三行」。

Q 早期這裡的居民應該都是大航海家囉？

A 是的。台灣的所有原住民都是大航海家的後裔！16 族原住民是在不同時期，算準洋流從大陸沿海或鄰近島嶼，坐上「獨木船」（Banka），冒著身命危險，飄洋過海而來的。此地的原住民生活在 1500~2000 年前，是北台灣平埔族當中凱達格蘭族祖先。

Q 現在這裡可以直航到中國大陸嗎？

A 是的。從 2013 年 10 月起，從台北港（八里）便可直航到福州（平潭）。只要花上 3 個小時。過去漢人坐帆船過來，可要花上好幾天！

Q 觀世音菩薩是男？還是女？

A 按照佛教的說法，佛是中性的，大菩薩也是中性的。其實，唐朝的觀世音菩薩是男相。可能祂經常化身女性指點眾生之故，更可能祂救苦救難是母愛的象徵之故。

Q 「媽祖」是誰啊？

A 相傳她是宋朝福建漁家的女子林默娘，因捨身救起船難的父兄，而有了海上拯救者的形象。媽祖信仰遍及華南沿海各地及東南亞，信眾超過 2 億人。單單台灣就有超過 900 座伺奉的廟宇。

淡水河岸

Tamsui
06

從老街至小漁港間長 1.5 公里的淡水河沿岸，區公所命名為「金色水岸」。因為晚霞時分，這裡經常會被夕陽照得金碧輝煌。一路有林蔭步道、親水河岸、水上舞台、咖啡座椅區、觀潮灣、觀潮藝術廣場等設施，小漁港的 8 棵百年榕樹是民眾最喜歡的乘涼、垂釣、觀賞夕陽的地方。商家捐贈余蓮春的〈戲魚〉，上原一明的〈舟月〉，賴哲祥的〈迎曦〉等三件藝術雕塑品更增添了河堤的藝術氣息。河岸沿路商家林立，特色咖啡館、異國餐廳、創意商店毗連而立，是休閒散心的最佳去處。

民歌響起

「民歌」來自民間由國人自行填詞、作曲、演唱的流行歌曲。最初在大學校園裡傳唱，故也叫「校園民歌」。它是一股社會的反省力量，尤其來自彼時年輕人內心的吶喊。從 1970 年代末起風行全台，是台灣本土意識的併發及文藝創作能量的引爆。當中帶頭的靈魂人物就是淡江大學校友的李雙澤（1949~1977）。1976 年，他在淡大校園的一場演唱會上，帶著一瓶可口可樂走上台，問台下的觀眾：「無論歐美還是台灣，喝的都是可口可樂，聽的都是洋文歌，請問我們自己的歌在那裡？」在一片詫異中，他拿起吉他唱起李臨秋先生（1909~1979）填詞的歌謠〈補破網〉，當下引起熱情的共鳴。

水岸畫影

淡水小鎮，山河海交接，風景壯麗。昔為北方大港，人文歷史韻味深厚。復以開埠甚早，往來交通，東西文化交織，多元特色，極易引發詩人墨客歌詠，畫家攝景。日據時代起，尤其吸引專業畫家至此作畫寫生，素有台灣畫家「朝聖地」之美名。它自成一格的「歐洲小鎮翦影」，美洲風格的哥特教堂、停泊岸邊的船隻、水中行駛的渡輪、山巒起伏的觀音群山、或霧靄茫茫的河口風景都能一一入畫。台灣最早一代的西畫家幾乎無人不曾蒞此，並留下歷久彌新的淡水風光。

葉俊麟的發想……

1957 年，擔任編劇的葉俊麟先生隨外景隊來到淡水，黃昏時他沿著河邊獨行。落日慢慢沉入海面，居民擠在渡船口迎接歸來的漁船。忽有歌聲隱約斷續傳來，他尋覓歌聲來處，抬頭望見不遠斜坡上的閣樓，一名女子佇候在門後，遙望渡船口一家和樂的場景，那女子的神情觸動了他寫下這首傳唱不墜的名曲。……

〈淡水暮色〉

作詞 / 葉俊麟　作曲 / 洪一峰，1957

日頭將要沉落西　水面染五彩
男女老幼在等待　漁船倒返來
桃色樓窗門半開　琴聲訴悲哀 啊……
幽怨的心情無人知。

朦朧月色白光線　浮出紗帽山
河流水影色變換　海風陣陣寒
一隻小鳥找無伴　歌在船頭岸 啊……
美妙的啼叫動心肝。

淡水黃昏帶詩意　夜霧罩四邊
教堂鐘聲心空虛　響對海面去
埔頂燈光真稀微　閃閃像天星 啊……
難忘的情景引人悲。

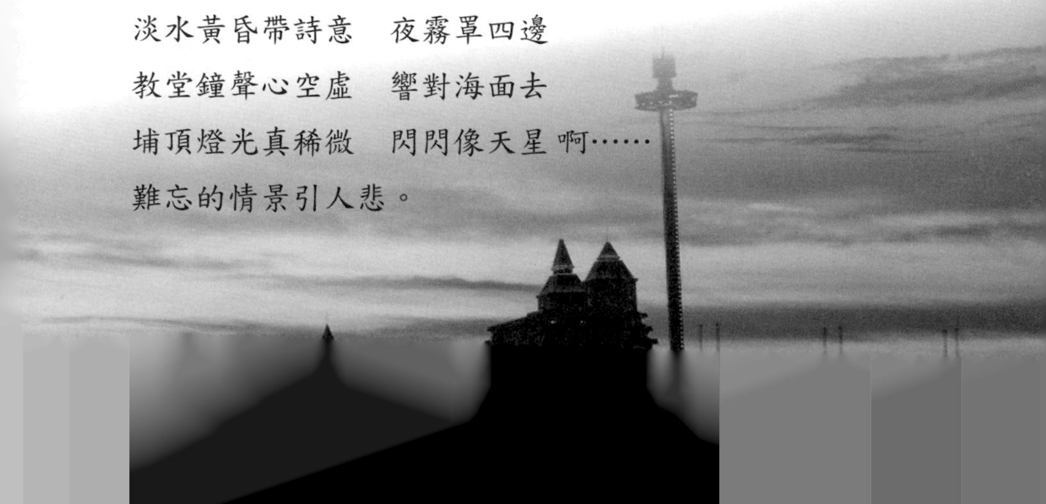

尋奇對話

Q 這裡這麼多遊客，應該都是捷運載來的吧？

A 是的。捷運淡水線 1997 年通車，初期很少人搭乘，還賠了錢。如今班班客滿，星期假日更是「一位難求」。

Q 淡水最多可容納多少觀光客？

A 2014 年春節期間，因為天氣晴朗、溫暖，創下單日超過 10 萬人紀錄！整個河堤及老街擠得寸步難行，從高處看，簡直像一堆沙丁魚群。

Q 這樣那能做休閒及觀光？

A 大概只能湊熱鬧、看人潮吧！其實，非假日或清早，淡水是很寧靜且悠閒的。

40

Q 民歌由淡水出發，很多人也寫歌來歌頌淡水。淡水有沒有音樂學院？

A 只有遠在關渡的國立台北藝術大學設有音樂學系，其他學校都沒有。但這不礙事啊！淡水讓人真情流露，很容易就讓會人創作出貼近庶民的歌曲。譬如 1997 年陳明章先生作曲填詞的〈流浪到淡水〉就紅遍全台大街小巷。

Q 淡水河邊跟以前有何不一樣？

A 就我印象所及，以前這裡只是個小漁港，魚腥味很重，遊客不多。現在河岸（包括對岸八里的河堤）整治了很多，變成了觀光休閒河岸，很現代感，也很商業化！

淡水老街

　淡水曾是北台灣第一大港，因基隆港開通及泥沙淤積，逐漸喪
失商務功能，迅速沒落成為一座地方小漁港，現已轉型為觀光
休閒小鎮。中正路老街一帶，雖新式樓房林立，依然可見到許
多老式磚造店舖，反映出本地的開發史。古老寺廟林立，漫步
在坡道間，造訪淡水老街應能體驗先民的生活點滴。老街位於
中正路、重建街、清水街等一帶，因鄰近淡水捷運站，交通方便，
每到假日總是人山人海。尤其中正路，堪稱淡水最熱鬧的街道。
老街區也集美食、小吃、老街為一身，近年來更因不少古董店
及民藝品店進駐，也營造出民俗色彩與懷舊風味。

重建街

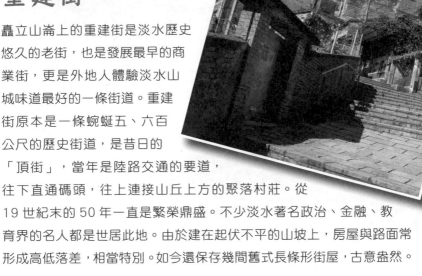

矗立山崙上的重建街是淡水歷史
悠久的老街，也是發展最早的商
業街，更是外地人體驗淡水山
城味道最好的一條街道。重建
街原本是一條蜿蜒五、六百
公尺的歷史街道，是昔日的
「頂街」，當年是陸路交通的要道，
往下直通碼頭，往上連接山丘上方的聚落村莊。從
19 世紀末的 50 年一直是繁榮鼎盛。不少淡水著名政治、金融、教
育界的名人都是世居此地。由於建在起伏不平的山坡上，房屋與路面常
形成高低落差，相當特別。如今還保存幾間舊式長條形街屋，古意盎然。

讚滿重建街！

〔中國時報 / 2013.12.02 / 謝幸恩 報
導〕超過 230 年歷史的淡水重建街，
仍保有四處以上古蹟，但新北市政府
因公共安全疑慮，年底推動第二階段
拓寬工程，文史工作者在網路上發起
「讚滿重建街」活動，1 日吸引數百
位支持者以柔性訴求，希望市府讓
重建街「原地保留」。短短 380 公
尺餘，全以石階堆砌而成，一路蜿蜒而上，可
見兩側饒富人文氣息的古厝。地方居民說，有的房子可見到中法戰爭時
所留下的彈孔，見證了淡水的興衰。

白樓

淡水「白樓」原本坐落淡水三民街週邊坡地，約建於 1875 年，外牆白灰因而得名。據傳為板橋富商林本源出資，由馬偕博士門生嚴清華所建，再租予猶太商行，之後曾改作一般公寓雜院。白樓在 1992 年因失火，而拆除改建。由於它曾是許多老輩畫家的入畫題材，如今只能在這些畫作裡尋得它的風采。2009 年，淡水文化基金會特別委託彩墨畫家蕭進興在最接近白樓舊址上坡路段，利用右側牆壁，畫下白樓舊觀，並延伸至周遭景致。這堵長卷式壁畫，耗費數月始完工，可一覽無遺俯瞰淡水，堪稱淡水最生動、最震憾人心的公共藝術。

紅樓

該建築原是船商李貽和的宅第，與已經拆除的「白樓」齊名。1899 年落成，由於李貽和所經營的兩艘貨船發生撞沉意外，在 1913 年轉賣給時任台北廳參事的洪以南。洪以南在成為這棟紅樓的主人後，為它取了「達觀樓」的雅號。

紅樓採西方洋樓式風格，與淡水英國領事館公邸外觀相近，其屋前寬闊庭院，四周輔以小徑、階梯相通，為早年景觀最佳之房舍。直至 1963 年，轉賣給德裕魚丸的洪炳堅夫婦。1999 年年初整修紅樓，期間曾多方請教建築、歷史、藝術等專家學者。於 2000 年元月正式對外營業，成了一家複合式餐廳與藝文館。

尋奇對話

Q 這些藝文人士呼籲保存老街的溫和訴求很有意思。他們是怎麼湊在一起的？

A 在台灣每個有歷史的城鎮都會自發地組成「文史工作室」，定期有些討論及表達。我想他們是透過網路集結的。

Q 聽說台灣的臉書人口密度是世界最高之一？

A 現在使用 Line 的人也越來越多了。以前搭車，車箱內很喧嘩。現在即便人很多也很安靜，因為男女老少都在滑手機！

Q 重建街的上坡階梯很有古意，也很特殊。因為每一階梯都不會太高，走起來也不致於太累。

A 是啊！這些階梯都有一、二百年的歷史，也不知道有多少人從上面走過。我們可以想像當年人聲鼎沸的場景……。因為要上下貨的關係，所以每個台階都不會做得太高，連老人家來走都沒問題。

Q 「讚滿重建街」這個標語是很棒的雙關語！

A 「讚」與「站」在台灣式國語裡是同音字。「讚」表示「支持、同意」；「站」表示「出席、佔據」。

Q 「紅樓」整修得很細膩，很棒。可以想像當年的氣派及華麗。

A 這裡的景觀特別好，最適宜觀看夕陽及夜景。我請你上去喝杯咖啡吧！

殼牌倉庫

Tamsui
08

殼牌公司（Shell）儲油倉庫和油槽以及英商嘉士洋行倉庫，位
於捷運淡水站旁的鼻仔頭，佔地面積約 3000 坪。1894 年 11
月由茶葉外銷洋行「嘉士洋行」所承租，用以經營茶葉貿易。
1897 年由殼牌公司買下，並增建四座大型磚造儲油倉庫，並鋪
設可接通淡水線鐵路的鐵道，大規模經營起煤油買賣。也由於
煤油臭氣瀰漫，淡水人稱之為「臭油棧」。直到 1944 年 10 月
遭美軍轟炸導致油槽起火，三天三夜才被撲滅。2000 年指定為
古蹟，殼牌公司也將此捐贈給淡水文化基金會。2001 年於此創
辦「淡水社區大學」。2011 年規劃為「淡水文化園區」。

淡水社區大學

淡水社區大學於 2001 年 8 月正式開學，課程豐富又多樣，有很多大學院校裡不可能出現的課程，收費又特別低廉，是推動公共教育最佳的空間。在它的校務規程中明訂「以促進終身學習，提昇社區文化，參與社區營造，發展公民社會為宗旨」，自我期許要不斷落實教育改革的理念。淡水社區大學的特色就是結合古蹟，再融入在地文化，認識淡水等相關課程。這個學校很自豪，因為他們的教學空間是百年古蹟！

淡水文化園區

淡水文化園區，即殼牌倉庫舊址與週遭綠地及濕地，經新北市政府修繕完工後，於2011年正式對外開放。「淡水文化園區」占地約1.8公頃，園區內有八棟老建物，還有搬運油品的鐵軌遺跡。修復的八棟建築物，皆以紅壁磚、土漿疊砌，其中六間是儲放油品的倉庫，一間幫浦間，另有一間鍋爐間。經歷過數度經營轉移以及戰火摧殘的市定古蹟淡水殼牌倉庫，終於以全新的姿態風華再現。內設有教學中心（淡水社區大學）、展演區、露天舞台、藝文沙龍、生態區、濕地等空間。

鄞山寺 / 客家會館

鄞山寺，建於1822年，二級古蹟，寺內奉祀定光古佛，定光古佛是中國南方客家人的祭祀圈才有的信仰。該寺大體上完整保存道光初年原貌，包括當年施工的的屋脊泥塑都相當完整。

為現今台灣唯一保存完整的清時會館。會館就是同鄉會會所，以互相濟助為目的。主要因為在清道光年間從汀州移居台灣北部的客家人越來越多，汀州人怕漳州、泉州人欺負，所以在上岸處集合形成聚落，並出資蓋地方會館，後續自唐山渡海來台的人，可臨時落腳寄居在這樣的地方會館裡。

尋奇對話

Q 把歷史古蹟跟生態環境結合在一起是挺不錯的點子。

A 是的。最重要的還是「管理」。所以政府 2007 年通過設置「鼻仔頭史蹟生態區」，將 5 個歷史古蹟：鄞山寺、湖南勇古墓、淡水殼牌倉庫、淡水水上機場、淡水氣候觀測所，以及周邊的自然生態資源一起納入管理。

Q 台灣人很重視環保和休閒？

A 這是最近 10 幾年的事。尤其是環保署的設置，發揮不少功能。文化部的運作也相當正面。休閒與生態似乎是民眾自覺自發的需求。

Q 感覺上，淡水蠻能與世界接軌的。

A 歷史上的淡水一直都很國際化！現在的台灣不僅民主，也非常開放。不過很多歷史感消失得特別快，歷史的痕跡要特別細心的加以保存！

Q 聽說社區大學裡老人學生特別多？

A 是的。一方面是許多公職人員可以提前退休，他們衣食無慮，身體也夠好，總會想出來參與社會活動。另一方面台灣人的人均壽命提高了，所以老人的需求也增多了。華人社會有句銘言：活到老，學到老！

Q 現在我明白了，淡水除了是年輕人的天堂，將來也可能老年人最愛居住的城市！

A 老實說，淡水還是吵了一點，交通尤其擁擠！除非我們犧牲一點環境，建好交通，才有此可能。

滬尾砲台

滬尾砲台位淡水北方，建於 1886 年。佔地約 8 公頃，為台灣首任巡撫劉銘傳所建，以捍衛淡水港。該砲台雖停用多年，因長期屬軍事要塞，保留狀態頗佳。營門上仍留存劉銘傳親筆所題之「北門鎖鑰」碑文。西班牙人也曾在此建造砲台，荷蘭人延用。荷蘭撤走駐軍時曾將之燒毀。清廷在 1808 年加派兵力，駐防該地，1813 年並在現址興築砲台。中法戰爭後，清廷命當時的台灣巡撫劉銘傳加強台海防務。日治時期，日軍撤下當時在滬尾的四門砲塔，將此地改作砲兵練習場地。國民政府重新賦予滬尾砲台國防任務，派兵駐守。1985 核定為二級古蹟，整修後開放民眾遊覽。

油車口

1884 年滬尾之役的古戰場，相傳 300 年前由泉州移民所開闢，18 世紀中葉，有郭姓泉州人在此開設油坊因而得名。油車口碼頭則是淡水拍攝婚紗照的熱門景點。此處可一覽觀音山、淡水河、漁船及夕陽，交互搭配，格外秀麗。油車口的忠義宮蘇府王爺廟，是淡水地區最大王爺廟，每年農曆的 9 月初九重陽節，都會舉辦燒王船的祭典。30 多年前廟旁的黑色老厝，曾開一家物美價廉的小吃店，人稱「黑店」，以排骨飯打出名號，後因道路拓寬遷往附近，每逢用餐時刻依然門庭若市，車水馬龍，蔚為奇景。

中法戰爭 / 滬尾戰役

1884 年 8 月，法軍圖佔領北台灣，派軍艦進犯，爆發中法戰爭－滬尾之役。當時台灣巡撫劉銘傳發現淡水重要性，擔心法軍可由淡水河直接進入台北府城，因此決定棄守基隆，把兵力改移至淡水。當時清朝在淡水的沙崙、中崙、油車口修築砲台均遭法艦砲轟摧毀。劉銘傳任命提督孫開華，負責整修淡水防禦工事，以填石塞港，佈置水雷，建造城岸，修築砲台禦敵。10 月 8 日，孫開華帶領清兵及鄉勇，奮勇抗敵，擊退法軍。此為清廷難能可貴之勝戰。法軍後來封鎖海岸半年餘始撤走。

北門鎖鑰

指北城門上的鎖及鑰匙，後借指北方的軍事要地。1885 年滬尾戰後，清廷加強防禦工事。劉銘傳聘請德籍技師巴恩士（Max E. Hecht, 1853-1892）監造，並自英國購入 31 尊大砲，1889年安裝竣工。惟新砲未曾參與戰事，故基地建築保持相當完整。現存東南方的營門上的碑文「北門鎖鑰」為劉銘傳親筆所提。這也是劉銘傳在台灣本島所建砲台，唯一碩果僅存的一座，具有其特殊的意義與價值。巴恩士也因建成此一海防利器有功，還獲清廷贈勳及賞銀表揚。39 歲歿於台灣，葬於淡水外僑墓園。

尋奇對話

Q 這裡居高臨下，視野極佳，的確是鎮守的好地方。

A 這裡是所謂淡水的「五虎崗」的第一崗，習稱「烏啾崗」。另一頭就是老淡水高爾夫球場，它是台灣最早一座高爾夫球場，1919 年由日本人建成。原先這塊地還是清軍的練兵場。

Q 湖南人與淡水人還蠻有關連的？

A 當初清廷由大陸調來台灣防守的正規軍一大部份來自湖南。1884 年滬尾之役的守將孫開華也是湖南人。在竿蓁坟場還有一座湖南勇古墓。

Q 台灣很流行婚紗照，聽說還外銷到中國大陸去？

A 婚紗是筆好生意！台北市區還有一條「婚紗街」。大陸的婚紗照幾乎都是台灣業者去開發的。

Q 婚紗照是否一定會選上風景最美的地方拍攝呢？

A 這是所謂的「出外景」，就是戶外婚紗照。當然要選居家附近風景最美的地方拍攝。預算多的還可以安排出國拍攝，順便渡蜜月！所以婚紗攝影師往往就是旅遊景點的最佳探子。

Q 拍了婚紗照是否比較不會離婚呢？

A 過去台灣的離婚率很低，現在比較高些。的確，年輕夫婦如果鬧彆扭，若去翻翻婚紗照，或許就會打消分手的念頭。

漁人碼頭

淡水漁人碼頭，位在淡水河出海口東岸，前身為 1987 年開闢的
淡水第二漁港，鄰近沙崙海水浴場，是淡水最新開發的觀光景
點，於 2001 年 3 月正式完工並對外開放，以其夕陽景色及新
鮮的漁貨聞名。目前除了觀光休閒設施之外，仍然保有其漁業
港口的功能。浮動漁船碼頭約可停泊 150 艘漁船及遊艇，河岸
觀景劇場平台最大能容納 3000 名觀眾。白色的斜張跨港大橋於
2003 年 2 月 14 日情人節當天正式啟用，故又稱「情人橋」。
在橋上可欣賞夕陽景色，總長約 164.9 公尺。水路及陸路交通皆
可通達，有一座 5 星級景觀旅館。

情人橋

「情人橋」位於漁人碼頭上專供行人步行的跨港景觀大橋。長 164.9 公尺、寬 5 公尺，最高處 12 公尺，微彎的大橋柱側看像似流線船帆造型，遠觀整座橋的色彩是白色，但細看其實是淺白又帶點粉紫與粉紅色的柔美色調。由於大橋的造型優美而浪

漫，視野非常遼闊，因此目前已成淡水風景的地標景點。情人橋有個美麗的傳說：情人們若是牽著手、心繫著彼此，相偕走過情人橋，那麼兩人的戀情將更加美麗，但若在走過情人橋的中途，有人回頭了，或把手放開了，那麼未來，他們的戀情將會受到許多考驗。

情人塔

耗資近 3 億多元打造的漁人碼頭「情人塔」於 2011 年 5 月正式啟用，塔高計 100 公尺，每次可容納 80 人，可提供淡水區域 360 度全視野景觀。瑞士製造，耗時 4 年打造，是台灣第一座百米觀景塔，有 360 度的旋轉觀景塔，外加一座可觀賞淡水景色的圓形座艙，座艙外罩為整片式安全玻璃防護罩，可有效防風雨。乘客進入座艙中，座艙會緩慢調整上升與下降的角度，隨著情人塔緩緩旋轉上升，登高望遠，可將淡水美景盡收眼底。

休閒漁港

漁人碼頭雖然能保有漁業港口的功能，但幾乎已轉型為「遊艇碼頭」，它的浮動碼頭上經常停滿各式各樣的小遊艇。它們的主人大多是台北都會裡的富豪人士，因熱愛海上活動，買了遊艇，將這裡當「停船場」，有空才會開出海兜風。這裡是「藍色公路」的重要景點，來自各處的客船都會在此停泊。藍天碧海，漁船遊艇，尤其傍晚時分，滿天湛紅，也是北台灣難得一見的濱海風情。

淡江大橋

淡江大橋將是一座跨越淡水河河口的雙層橋樑，為台灣第一座鐵路軌道和道路共構的雙層橋樑。1980 年代末提出興建計畫，全長 12 公里，包含主橋 900 公尺及兩端聯絡道，屬於雙層橋樑，橋面總寬 44 公尺，橋高 20 公尺，下層橋樑，設計車輛行駛時速 100 公里，上層橋樑，中央規劃為 8 公尺寬的輕軌路軌，耗資新臺幣 153 億元。將於 2016 年動工，並計於 2020 年完工通車。預計完工後，可以舒緩關渡大橋的交通流量，並且帶動淡海新市鎮的開發。

尋奇對話

Q 從高處看淡水，確實別有一番風情。整個城鎮看起來很休閒，也很幸福！

A 最近台灣也有人從空中拍了一部紀錄片《看見台灣》，很新奇，也很令人感動。台灣真的有如 400 年前航行經過此地的葡萄牙水手的驚呼「Ilha Formosa!」（美麗之島）那樣。

Q 不過，聽說這部紀錄片也讓許多台灣人警覺到過度開發的後果……。

A 是啊！有節制的開發是必要的。未來的「淡江大橋」也是花了 20 多年的討論才順利通過的……。

Q 橋應該是優先且必要的項目。屆時淡水可能更加繁榮了！

A 我們希望它是有計畫的成長，不然「人滿為患」，古有明訓！

Q 夏天這裡很熱鬧，冬天應該很少人來吧？

A 夏秋兩季這裡很熱鬧，幾乎像極了國外的渡假聖地，有音樂會，有藝術市集等等，最重要的是天天可以欣賞日落，看霞光滿天。春冬多雨又寒冷，旅客自然少了許多。不過，當地的旅遊業者也有許多吸引遊客的配套措施。

Q 聽說這裡的海鮮很地道？

A 淡水究竟還是漁港，自然有許多新鮮的漁貨，那就看你敢不敢嘗試哩！

Tamsui
11

紅樹林

到了捷運「紅樹林站」一眼就可看到綠油油的一片紅樹林。
1986年它被劃為「淡水紅樹林生態保護區」，總面積為76公頃，
是淡水河從上游所堆積而成的海岸沙洲沼澤區，也是台灣面積
最大，全世界緯度最北的紅樹林自然分佈地點。這些生命旺盛
的水生植物因枝枝泛紅而得名。紅樹林這種濕地生態系統對人
類有很高的利用價值，包括保護堤岸、河岸、海岸，供應魚苗
資源，提供野生物棲息及繁殖場所，海岸景觀林，休閒旅遊場
所及提供薪材，也有「水中森林」及「候鳥樂園」之稱。

白鷺鷥

白鷺鷥是台灣很普遍的留鳥,它們經常活動於水澤、湖泊附近,以魚類、蛙類及昆蟲為主食。喜歡群體居住,淡水紅樹林就是它們最大的家,估計有數百隻棲息於此。每到傍晚時分,三五成群翱翔歸巢,吵嚷聲此起彼落。白鷺鷥體色潔白,含有聖潔之意。步伐穩重、氣質高貴,活動敏捷、飛行姿態優美。傳說中,白鷺鷥棲居福地,在有水稻的地方,就有白鷺鷥前來啄蟲,保護農作。

水筆仔

竹圍至淡水之間的紅樹林是全然由「水筆仔」所組成的樹林。其得名係因為幼苗像筆一樣懸掛在樹枝上,長約 10 到 15 公分。這些樹的果實仍在母樹上時,胚即自種子長出,形成胎生苗。幼苗垂掛在枝條上,可自母株吸取養份。當幼苗脫離母株時,有些可插入泥中,側根再長出,再長成幼樹。有些幼苗縱使沒有順利插入泥中,能隨波逐流,再定著在適當地點。在鹽度高、土質鬆軟、缺氧及水中含氯量高的環境下,胎生現象正是最有利的適應方法。

生態步道

「淡水紅樹林生態步道」入口就在捷運紅樹林站旁，這段步道由實木搭建，在紅樹林生態區中蜿蜒而行。長度短短不到1公里，沿途便可眺望觀音山景、欣賞淡水河風光及濕地多元動植物生態。 站在步道上可以近距離觀看、甚至觸摸水筆仔。招潮蟹就在腳下肆意「橫行」，白鷺鷥在不遠處緊盯水面追蹤獵物。除了美麗的風景、有趣的潮間帶生物，這裡還有許多讓愛鳥人士趨之若鶩的野鳥。也是溼地生態實地教學好去處與賞鳥好地點。每年9月至隔年5月為候鳥過境的季節，是賞鳥的好時機。

尋奇對話

Q 台灣人好像很喜歡白鷺鷥？往淡水的公路旁也有它們飛舞的圖案！

A 是的。有一首耳熟能詳的台灣童謠，歌詞是：「白鷺鷥車畚箕，車到溪仔墘，跌一倒，拾到一先錢。」指小孩子一無所有，希望化成白鷺鷥，能碰到好運氣，在路上撿到錢！

Q 淡水的紅樹林會有許多候鳥經過嗎？

A 據野鳥協會統計，大約會有10餘種。不過數量應不會太多，因為太靠近市區，人聲鼎沸，覓食也不易。不過體型較小的候鳥比較常見，尤其在關渡平原，那裡還築了好幾間觀鳥小屋，可就近觀看。

Q 關渡平原應該就屬於所謂的「濕地」了？它有受到保護嗎？

A 應該算是有。政府將它列為「低度開發區」。現在台灣人越來越重視保留「濕地」，也更積極地加以利用，譬如，規劃成保育區、生態教育園區，或者親子休閒區等等。

Q 聽說關渡平原以前還是一片大沼澤，唭哩岸以前還是個河港？

A 事實上，台北盆地以前有許多地區也是沼澤地。目前有些地方的地面只比海平面高出一點而已！所以經常會鬧水災。台北捷運以前也被大水淹過，停駛了好幾個星期。

Q 所以台北是個「水鄉澤國」？

A 治水一直都是台灣很重要的施政，但我們現在很喜歡親水！

Tamsui
12

淡水小吃

淡水是的傳統的漁港，過去更是台灣重要的通商口岸，因此物資豐富，海產類更是這裡的一大特色，加上交通、歷史與地方發展，孕育出豐富而多元的飲食文化。淡水老街歷史悠久，也發展出多樣的飲食風貌。淡水的小吃百百種，但最有名的有魚丸、魚酥、「鐵蛋」、「阿給」。這些有名的小吃大部分是就地取材，反映基層民眾的基本飲食需求，也烙印著許多文化融合及社會嚮往。從普羅市井小吃到海鮮大餐、異國料理等。其中「阿給」及「鐵蛋」更是淡水老街最具特殊風味的小吃。

魚丸

淡水早期是漁港，漁獲量大，以致於供過於求，捕來的漁獲除了在市場販賣外，更延伸出許多附加產品，如魚乾、魚酥、魚丸等。魚丸是將中、大型魚肉（鯊魚或鬼頭刀）磨成魚漿後，加少許太白粉和水調和，製成魚丸外皮，中間則包入特殊的豬肉燥。煮湯食用，香味濃郁。其實全世界各地都有「魚丸」，口味的差異多來自魚種及手工，還有配料。

鐵蛋

早期在淡水渡船頭的一位麵攤子老闆娘阿哖婆，將賣不出去的滷蛋回鍋再滷，結果，滷蛋變得又黑又小，像鐵一樣，有些顧客好奇，就買來試吃，覺得又香又耐嚼，於是聲名漸漸遠播，「鐵蛋」因而得名，習稱「阿婆鐵蛋」，成了淡水有名的特色小吃。鐵蛋的製作過程很費工費時，每天必須用醬油及五香配方調配的滷料，經過幾個小時的滷製，然後用風乾，反覆持續幾天才能完成。

傳統糕餅

淡水有許多老字號傳統糕餅舖，傳統古早餅，口味眾多，多遵行古法精製、每一個糕餅都保留著令人懷念的古早味，每一口都能讓遊客感受到回味不盡的鄉土味，是淡水重要的傳統美食。1984 年其中一家新勝發，還曾獲得日本糕餅比賽博覽會的金賞獎！台灣婚習俗中，女方會訂做許多「禮餅」分贈親友，為了不要「失禮」，大多會精挑細選風味及口感一流的淡水喜餅。

魚丸博物館

充分利用淡水漁港龐大的漁獲，1963 年登峰公司創新開發出淡水魚酥，目的是提供民眾一份佐餐品，之後成了休閒食品、觀光禮品。2004 年，店老闆在淡水老街上開設「魚丸博物館」供民眾參觀，它是全台第一座以魚丸為主題的博物

館，也能安排 DIY 參訪的「觀光工廠」。博物館佔地約 70 餘坪，共有三層樓，一樓為產品販售區，二樓為展示廳，陳列許多捕魚的古董器皿及歷史照片圖說，還展示一支 1884 年中法滬尾之役法國海軍陸戰隊所使用的制式步槍（Fusil Gras M80 1874）原品。

阿給

「阿給」是日文「油豆腐」（あぶらあげ／阿布拉給）發音的直接簡化音譯。做法是將四方形豆腐中間挖空，然後填入冬粉，再以魚漿封口後，加以蒸熟，食用時淋上甜辣醬，再加上魚丸湯或大骨湯汁，即是讓人食指大動的阿給美食。「阿給」應是淡水口味最獨特的地方小吃。1965 年由楊鄭錦文女士所發明，起初是因不想浪費賣剩的食材，而想出的特殊料理方式。創始店位於淡水鎮真理街上，專作學生的早餐與午餐。

尋奇對話

Q 很多人來台灣觀光旅遊很可能就是衝著想享用這裡的美食？

A 台灣的美食在世界排名數一數二，可以跟它媲美的大概只有地中海菜及日本料理。此外，在台灣，人們幾乎可以吃到中國各地的佳餚。在香港及中國大陸就沒有這種多樣性。

Q 美食和小吃有何不同？

A 美食是大宴，通常會有 10 到 12 道菜餚。小吃通常只有單味，傳統市場邊都吃得到。尤其在夜市，它更是以提供各式各樣的小吃為賣點。

Q 聽說現在台灣政要宴請國外貴賓，甚至在國宴上，也會安排推薦台灣地方小吃？

A 對啊！因為有些小吃還真的在其他地區，或國家根本吃不到！是真正的「台味」！

Q　台灣小吃有幾種？那裡吃得到？

A　應該沒有人統計過，即便同樣一款，各地的口味、配料也不同！要吃小吃一定要到夜市。也有一些餐廳開始專賣台式的小吃。但並不是所有的小吃都能搬得上檯面的！

Q　所以，來台灣觀光旅遊一定要到夜市吃小吃！

A　不過，還是要提醒你，夜市小吃的衛生條件、服務及用餐品質一向不夠好，你心裡要先有準備！

Tamsui
13
淡水藝文

淡水既是古代漢人移入的北方門戶，又是列強爭奪的據點，還一度淪為日本殖民地達半世紀之久，早年是海峽兩岸及國際通商的要埠，所以歷史古蹟、文物豐富。加上地勢優良，山海交接，河運通達，所以人文薈萃，不僅城鎮生命力旺盛，文藝風氣亦深烙民心。古代迄今定期有民間自發藝文活動，如廟會迎神、樂團劇社。現今則規劃有淡水踩街藝術節、亞洲藝術村、雲門舞集淡水園區等。淡水藝文活動的最大資產在於，它擁有人文厚度、歷史感、國際觀，加上美麗的景致、旺盛的商業活動及便捷的交通。

一滴水紀念館

「一滴水紀念館」位於滬尾砲台左側。該棟日式建築原是日本福井縣的古民宅，已有近百年的歷史，是日本作家水上勉的父親手所建的舊居，特別援引水上勉說的「一滴水脈有無限可能」做命名。1995 年阪神大地震時，這棟古民宅未遭毀壞。屋主為了讓同鄉災民有個懷想的地方，便把房子捐出。1999 年台灣發生 921 大地震，日本阪神地震的受災者來台協助災區重建工作，決定把這棟日式古民宅贈與台灣。經過一年多的努力，在來自日本及台灣志工 1300 人的攜手合作下，於 2009 年 8 月 16 日原封不動的組裝完成，並於 2011 年 3 月 29 日開館。

淡水大拜拜

「大拜拜」之意為：寺廟謝神或建醮等重大慶典時所舉行的儀式，及宴請流水席。所以會有迎神活動、親友相聚，大吃大喝的。早期先民渡海來台灣拓墾，因為水土不服、瘟疫、天災或戰亂等因素，移民會奉請家鄉守護神隨同來台灣，求消災解厄保平安。如今，拜拜已跨越宗教信仰的範疇，成為台灣人民生活文化不可或缺的一部份。「淡水大拜拜」是淡水祖師廟的慶祝活動，於每年舊曆五月初六（西曆六月中旬）舉行祭典，每年都萬人空巷，都得進行一整天的交通管制。

淡水藝術節

淡水國際環境藝術節踩街嘉年華，自 2008 年起，每年 10 月在淡水市區舉行。2013 年以「世界萬花筒」為主題，充分表現出淡水多元文化與異國風情，共有 50 個隊伍、超過 1500 人，以創意、熱情走踏淡水街道。這項藝術嘉年華的活動是由多位藝術家及社區居民通力合作和參與，將淡水的歷史、傳說、風土人文、及當代日常生活，化為創作素材。透過「藝術踩街」與「環境戲劇」演出，以呈現四百年來淡水的獨特藝術饗宴。近來也結合國際藝術團體的邀訪，使這項活動更具多元及吸引力。

尋奇對話

Q 「一滴水紀念館」的故事很感人，台灣與日本的關係真的很特殊，很密切！

A 台日民間交流一向很密切，觀光旅遊及商務貿易有來有往，而且十分興盛。透過眼見為憑及交流就更能瞭解對方！

Q 「雲門舞集」是國際最知名的台灣表演藝團，將來它的「淡水園區」應更可帶動此地的藝文活動及曝光率！

A 聽說當初是雲門主動選上淡水的！屆時整個園區會對外開放，包括供民眾參訪及安排表演工作坊。

Q 西方人或其他民族會用牛或羊當犧牲，台灣地區為何會選中豬當牲品呢？

A 台灣地區過去家家戶戶都會養豬。中文「家」字就說明一切：養了豬才能成家。這裡比較少人養牛羊，而且耕種的農民比較疼惜牛的辛勞，所以祭拜都用大豬公。

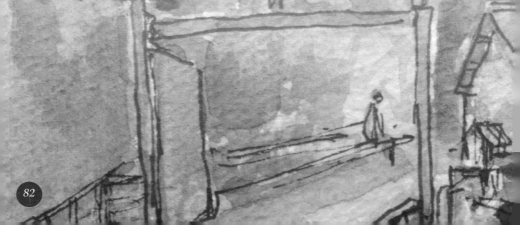

Q 聽說台灣也有養豬公這個專門行業，甚至還比賽誰養得最大隻？

A 這是一種榮譽，也是對神明的最大敬意。史上最重的豬公達 1683 台斤（合 1010 公斤）。那是要花好幾年細心照料才有可能。人們會宴客（通常都是流水席），也會分贈豬肉給親友。

Q 將來如果能將迎神、拜拜及藝術嘉年華會結合在一起，應該是蠻不錯的點子！

A 啊呀！你很適合當我們的文化部長！

淡江大學

Tamsui
14

一所沒有宗教、企業背景的大學，以校風開放著稱。也是一所「沒有圍牆的學校」。創辦之初，淡水居民出地捐輸功不可沒。校園與居民共享共營是一大特色。1950 張鳴（驚聲）、張建邦父子發想所創，初期為英語專科學校，1958 年改制為文理學院，1980 年正名為淡江大學。迄今擁有淡水、台北、蘭陽、網路等 4 個校園之綜合型大學，有 8 個學院，27000 餘名學生，2100 餘位專兼任教職員工，及 24 萬多名校友，是台灣最具規模且功能完備的高等教育學府之一。《Cheers》雜誌在《2015最佳大學指南》發佈 2015 年 2000 大企業最愛大學生調查，淡大第 18 度蟬聯私立大學之冠。

宮燈教室

淡江大學的風景及建物雅致，口碑相傳，揚名中外。早年還是電視連續劇及電影取景的熱點。當中最著名的首推興建於 1954 年的「宮燈教室」。它依山丘斜坡興建，雙排對稱的仿唐朝傳統建築，碧瓦紅牆，扶搖直上；前後綠地，窗明几淨。中央一長排宮燈，有 9 根仿古華表，18 條蟠龍，上方掛起兩盞宮燈。每當華燈初上，與一輪火紅夕陽相互輝映。其設計出自淡大建築系首任系主任馬惕乾之手，於 1955 年全部建成啟用，迄今已育逾半世紀！

海事博物館

淡江大學海事博物館為一獨棟 2134 平方公尺的船型建築，前身為「商船學館」，是淡江大學專門培育航海、輪機科技人才的搖籃。由長榮集團總裁張榮發先生捐資興建，並捐贈各項有關航海、輪機之教學設備。

後因國家教育政策的變更，奉令停止招收航海、輪機的學生，俟 1989 年送走最後一屆學生後，擘劃興建為全國首座「海事博物館」，展示古今中外各類的船艦模型。當時董事長林添福亦捐贈私人收藏的 50 餘艘全球知名船艦模型。1990 年 6 月開館，免費供各界參觀。

蛋捲廣場

位於淡大校園中心點的「蛋捲廣場」，
原為一方正有中庭的二層樓綜合教
室。1986 年拆除改成綠地廣場，中
央由建築師林貴榮校友設計一座建物，有四片「竹卷」繞圈，象徵古代
的簡冊，故命名「書卷廣場」，因酷似蛋捲，遂有了「蛋捲廣場」之別名。
從上俯視，像馬達中的轉軸，生生不息。雪白瀟灑的弧型造形，不論藍
天、黃昏或夜晚，都呈現出不同的迷人景致。目前它是淡大許多社團聚
會及大型活動舉辦的地方，也是每位淡江人拍照、懷念的景點。

淡大校歌

作詞 / 鄒魯　作曲 / 呂泉生

浩浩淡江 萬里通航 新舊思想 輸來相將

博學審問 明辨篤行 自成機杼 用為世匡

學戒驕固 技守專長 樸實剛毅 大用是彰

彼時代之菁莪兮 國家之貞良

（願）乾乾惕厲兮 莫辜負大好之時光

尋奇對話

Q 淡大畢業生連續 17 年獲企業界肯定，排名私校第一，全國第八！淡江畢業的學生還真的了不起！

A 主要原因是淡江大學是一所老字號的綜合型大學，做出了品牌。另外學風自由，學校治理相當前瞻及靈活。很早就提出三化：國際化、資訊化、未來化。

Q 擁有 24 萬名校友，應該是很大的社會資源。

A 換算一下，每 100 個台灣人就有一個是淡大畢業的！這還不包括他（她）們的家庭，他（她）們肯定都是淡江大學的代言人。這裡還出現過三代都是淡大畢業的！

Q 淡江大學已創立 60 餘年，一提到淡水都會想到淡江大學？

A 是的！淡江大學就屬於淡水。淡水基本上就是一座大學城。除了淡大，還有真理大學、聖約翰科技大學、台北海洋技術學院分校，及關渡基督學院等共 5 所高等學院。

Q 淡江大學畢業校友最懷念學校的地方是什麼？

A 四時變化的校園風景啊！尤其是古色古香的宮燈教室。每年3月校友回娘家日，校友們都會指定到宮燈教室裡重溫舊夢！

Q 淡江大學是民歌的發源地，音樂風氣應該很盛吧？

A 這裡沒有音樂系，但有一個很不錯的音樂廳。校園音樂活動一直很興盛，也養育不少知名歌手。藝文界及影視圈的校友也很多。反正，這裡很美，所以學生們都很懂得欣賞美！

河岸自行車道

Tamsui
15

淡水至紅樹林自行車道，沿河濱架設，車道長約 2.5 公里。可騎上公路延伸至淡海的漁人碼頭，亦可上關渡大橋，轉八里左岸自行車道風景區，直達十三行博物館。自行車道內只有行人及腳踏車才能進入，是最安全又愜意的單車之旅。自行車道一邊是綿延無際的海岸風光與濃密紅樹林水筆仔，一邊是疾駛如風的捷運，行在其中，山光水色盡收眼底。自行車道沿線設置觀景平台，不時可見白鷺鷥飛翔、招潮蟹橫行、彈塗魚的身影，可體驗淡水河岸好風光及對岸蒼鬱的觀音山、野鳥群飛、夕陽落日等美景。

假日單車

台北市政府自 2002 年開始規劃全市河濱自行車道，完成環繞台北市河濱，包括淡水河、基隆河、景美溪及新店溪等四大系統，南起景美、東自內湖，沿著河岸二側向下游延伸至關渡濕地，形成總長約 111 公里的河濱自行車道網絡。並根據各河川沿線不同的景觀及特色，將河濱自行車道規劃為「關渡、金色水岸、八里左岸自行車道」等不同休閒主題的自行車道。沿線豐富的自然、人文、古蹟等美麗景觀，提供給民眾假日的休閒好去處。完工以來，頗獲好評，假日騎單車幾乎蔚為台灣的國民運動！

河岸馳騁

台灣號稱自行車王國，捷安特（Giant）、美利達（Merida）早已是世界自行車十大暢銷品牌。台灣每年生產超過 440 萬輛自行車。許多國際名牌自行車也多委託台灣工廠生產。有 270 萬人以單車做為運動項目，70 萬人以單車為交通工具。單車環島更是最近最夯的運動項目。目前全台已建構完成 40 條自行車道，約有 1180 公里。其中大多沿河岸開闢。淡水到新店河岸自行車道全長 60 公里，假日騎乘人口更如過江之鯽。一方面運動休閒，另一方面親近河水，達到生態休閒旅遊的目的。

微笑單車（U-bike）

由台北市政府委託捷安特自行車建置和營運，並以「YouBike 微笑單車」
作為對外的服務品牌（以 U-bike 為標誌）。它採無人化自助式服務，於
2009 年 3 月開始示範營運，最後在 2012 年 11 月正式啟用。YouBike
目前已經發出 13 萬張會員卡，累計的租賃次數超過 100 萬人次。截至
2014 年 2 月，YouBike 在台北市共有 158 個租賃站點。這項創舉開辦
之初虧損連連，後來改成前半小時免費及廣設據點，租乘才蔚為風氣，
成了台北市一項特殊景觀。人們也可以在淡水自行車道上看到它的蹤
影。

尋奇對話

Q 聽說你曾去單車環島過，總共花了幾天？

A 全程 900 餘公里，我們一共花了 9 天。不過專業型的可以 7 天，甚至 5 天，還有人挑戰 3 天！

Q 台灣的年輕人為什麼特別喜歡單車環島？

A 因為相當方便，這也是親近自己的土地的一種方式。網路 也鼓吹愛台灣的三項運動：單車環島、登玉山、泳渡日月 潭。

Q 聽說很多企業及單位為提醒員工多運動，還會舉辦企業團 體自行車旅遊？

A 最有名的應該是捷安特自行車製造場老闆劉金標老先生， 70 多歲的他還帶領高級主管單車環島好幾次！

Q 台北市的「微笑單車」相當有名，連《國際旅遊雜誌》
（*Global Traveler*）都曾專文推介。

A 2007 年法國巴黎街頭最早推出公共自助自行車（Vélib'），
帶起了一股自行車風潮，世界其他主要城市也紛紛跟進。
台北市的「微笑單車」租借系統便是取法巴黎，並將刷卡
系統結合捷運悠遊卡。

Q 外國觀光客也可以借用嗎？

A 當然可以！只要買一張捷運悠遊卡，在街頭的服務柱上自
行辦妥登記就可以了。

Поговорим о Даньшуе

Tamsui
01

歷史上的淡水

ИСТОРИЯ ДАНЬШУЯ

Даньшуй – это деревня, которая находится недалеко от реки и гор и имеет неповторимое очарование. За последние сотни лет она служила последним пристанищем для большого количества иммигрантов из южного и материкового Китая. Об этом можно услышать множество историй жителей деревни. Панорама Даньшуя, отрывающаяся с горы Гуан Ин, показывает полную харизму деревни. В Даньшуе с его древним фортом (которому более 300 лет), старинными улицами, экзотическими домами, красивыми пейзажами, велодорожками и даже современным метро царит атмосфера отдохновения и непринужденности.

Где находится Даньшуй?

Даньшуй расположен на северо-западе Тайбэя около Тайваньского пролива, который начинается у устья реки Даньшуй. Это к востоку от города Тайбэй, севернее Санчжи и южнее Бали, с рекой Даньшуй между ними. Даньшуй расположен среди гор вулканической группы Татун, также известной как Пятитигровый холм. Только узкая равнина, расположенная на юге, тянется вдоль реки Даньшуй.

Восемь интересных мест в Даньшуе.

1.Панорама Будинга.

2.Вид на вулкан Татун.

3.Пляж на Шалуне.

4.Набережная в Даньшуе.

5.Мангровые деревья около моста Гуандьу.

6.Свечение в устье реки Даньшуй.

7.Гора Гуаньинь около реки.

8.Ностальгия Старой улицы.

Откуда появилось название Даньшуй?

Согласно исследованиям историка Чэнь Чжун-чжэна, в древние времена Даньшуй находился там, где китайские корабли получали пресную воду и все необходимое. Так что Даньшуй был назван в честь его прямой функции. В 17 веке Тайвань стал центром международной торговли в Восточной Азии, что сделало его весьма желанным для западных колониальных держав. Даньшуй стал важнейшим портом на севере Тайваня. Название Даньшуй появилось на многих картах и в литературе, составленных на Западе, хотя там было несколько вариантов написания, например, «Tanchi» или «Tamchuy» в испанском языке, «Tamsy» в голландском. Все эти слова являются производными от слова «Даньшуй», именно поэтому оно является общепринятым. Даньшуй ассоциируется с пресной водой, с рекой Даньшуй в устье моря.

Что такое Хоб?

Существует четыре истории, связанные с происхождением названия « Хоб», которое является самым древним названием Даньшуя. Они были связаны с водой, рыболовством и передачей звука с языка аборигенов. Согласно исследованию о происхождении ХОБ, в книге историка Чжан Цзянь-луна читаем, что ХОБ получил свое название от племени аборигенов, которое первоначально проживало там. К западу от Даньшуя было племя под названием ХОБ, отмеченное на древней карте Тайваня и Пэнху, составленной во времена императора Юнчжэна династии Цин.

Диалог

Q **Даньшуй на английском языке значит «пресная вода». Какое интересное название!**

A Здесь больше, чем одно значение. Говорят, что народ хань, который жил и работал на лодках, добывал пресную воду в Даньшуе, поэтому название, которое они выбрали, обозначало «пресная вода». Другое название, которое использовалась, было «хоб» в честь племени аборигенов, проживавших там.

Q **Каково было правление, которому следовал народ хань?**

A Самое раннее было правление голландцев, за ними последовали испанцы, французы, британцы и в конце – японцы. Династия Цин была вынуждена уступить Тайвань Японии после поражения в войне. Тайвань находился под контролем Японии в течении 50 лет (до 1945 года).

Q Современное общество Даньшуя – это китайцы хань, их большинство. Когда они начали эмигрировать сюда?

A Даньшуй расположен довольно близко к материковой части Китая, от ближайшей точки около 130 километров. Люди с побережья материка начали нелегально эмигрировать сюда в большом количестве в районе 18 века. В то время Даньшуй был единственным портом и воротами в северный Тайвань. Это продолжалось до 1885 года, когда династия Цин включила Тайвань в свои территории и основала столицу провинции.

Q Снимался ли здесь голливудский фильм под названием «Песочная галька» со Стивом Маккуином в главной роли?

A Да, этот фильм был снят в 1965 году. Сюжет заключался в том, что американский корабль, который патрулировал реку Янцзы в 1926 году, был вовлечен в гражданскую войну в Китае.

Q Итак, в Даньшуе много исторических памятников?

A Да, более, чем в другом городе Тайваня. Здесь много истории и культурных событий. Даньшуй – это очень важное туристическое и курортное направление в северном Тайване.

Ключевые слова

01. уникальный (прил.): 獨特的、獨一無二

02. очарование (сущ.): 迷人、魅力

03. панорама (сущ.): 全景、全貌

04. экзотический (прил.): 異國情調的、奇特的

05. народ Хань (сущ.): 漢人

06. абориген (сущ.): 原住民

07. племя (сущ.): 部落、種族

08. уступить - уступать (глаг.): 割讓、讓與、交出

09. иммигрировать (глаг.): 遷移、遷入

10. включить (в состав) (глаг.): 把……合併、使併入

11. река Янцзы (сущ.): 長江

12. курорт (сущ.): 常去的休閒度假之處、名勝

13. равнина (сущ.): 平原、曠野

14. ностальгия (сущ.): 鄉愁、懷舊之情

15. передача звука, звуковая передача (сл.соч): 音的轉換

Tamsui
02

渡船頭

ДАНЬШУЙСКАЯ ПЕРЕПРАВА

Порт и переправа в Даньшуе были главными северными воротами для ханьских эмигрантов из материкового Китая. Сейчас нам трудно представить то оживление, что царило у переправы лет двести-триста назад: по реке Даньшуй беспрестанно сновали туда-сюда парусные судна с разнообразными грузами. Так продолжалось до тех пор, пока Тайвань не оказался под управлением Японии – тогда роль главного северного порта перешла к Цзилуну. Однако значение Даньшуйского порта сохранялось вплоть до 1982 года, когда был построен мост Гуаньду через реку Даньшуй. После открытия моста единственной переправой, сохранившейся и по сей день, является сообщение между городками Даньшуй и Бали. Бело-голубые катера, весело бегущие по волнам от берега к берегу, -- характерная примета здешнего пейзажа. Столь умиротворяющая картина просто восхитительна! В 2004 году открылся туристический речной маршрут «Голубая дорога». В Гуаньду, Даньшуе и Бали были построены плавучие причалы для прогулочных катеров. Это дало новый импульс для развития туризма. Сейчас в Даньшуе и его окрестностях есть множество интересных мест, в том числе знаменитая Набережная рыбаков, построенная в том месте, где река Даньшуй впадает в Тайваньский пролив.

Даньшуйская паромная система

В прежние времена Даньшуйский порт и его переправа были главными на севере Тайваня. Они играли важную роль в перевозке грузов и пассажиров. Современные плавучие причалы были построены в июле 2004-го года, став удобным местом швартовки для прогулочных катеров, что дало значительный импульс развитию туристической индустрии этих мест. В настоящее время водный маршрут включает несколько туристических пунктов, в том числе Набережную рыбаков и левый берег реки Даньшуй, где расположен городок Бали. Свет закатного солнца золотит вершину горы Гуаньиньшань и воды реки, вдали краснеет дуга моста Гуаньду, тихо катятся и бьют волны Даньшуя – картина умиротворяющая и достойная кисти живописца.

Голубая дорога

Водный маршрут «Голубая дорога» был открыт в феврале 2004-го года с целью развития туризма и речного транспорта на реках Даньшуй и Цзилун. Сейчас действуют 8 внутренних маршрутов, годовое число пассажиров на которых почти миллион человек. Во время путешествий предлагаются услуги гида-экскурсовода, который знакомит с богатой историей и экологией речного и морского побережья северного Тайваня. Экскурсии проводятся не только по-китайски, но и по-английски, и по-японски, что привлекает большое число туристов из страны восходящего солнца. Также планируется открыть прямой маршрут до Фучжоу в материковом Китае – это может значительно увеличить количество экскурсантов-китайцев.

Закат в Даньшуе

Даньшуй расположен на берегу реки и окружён горами, поэтому закат здесь особенно красив. Смесь багряных и золотых красок вечернего неба, отражающихся в серебряной глади реки – зрелище поистине восхитительное. Закат в Даньшуе – неиссякаемый источник вдохновения для поэтов, художников и фотографов. Особенно хорош Даньшуй осенними вечерами, когда длинные лучи заходящего солнца, пробиваясь сквозь туманную дымку, золотят узкие улочки городка, красные кирпичные стены его домов и храмов. Возможно, именно вечерний пейзаж осеннего Даньшуя вдохновил Чэнь Мин-чжана, автора известной песни «Бродяга в Даньшуе». В ней рассказывается о человеке, который много лет назад покинул родные места, где провёл детство и юность, а теперь, годы спустя, вернулся. Он сидит в кафе на берегу реки Даньшуй, перебирает струны гитары, потягивает вино, вспоминает прошлое и не хочет думать о будущем, наслаждаясь редким спокойным вечером: «Поднимем бокалы! Ударим по струнам! Будем пить, петь, танцевать и веселиться!»

Бродяга в Даньшуе

Текст и музыка – Чэнь Мин-чжан, аранжировка – China Blue

Соберемся веселой компанией,

Осушим стаканчик! Пей до дна!

Наша губная гармошка с гитарой поют о нашей жизни в Даньшуе.

Вспомню любимую на моей родине, и чувства нахлынут сами.

Выпьем, друзья! Сердцу будет веселей. Прошлое проносится, как сон.

Вспомни родину и тех, кого там любил.

А теперь новая жизнь вдалеке от родного дома.

Мы здесь не от хорошей жизни, нужда гонит нас.

При любой погоде будем петь песни о прошлой любви.

Слезы и смех, расставанья и встречи будут с нами всегда, как фазы луны.

Радуйся сегодняшнему дню и дружной компании. Будем петь и плясать.

Так соберемся веселой компанией.

Осушим стаканчик! Пей до дна! Пей до дна! (*3)

Диалог

Q **Добраться до Даньшуя легко и удобно: от Тайбэйского вокзала только 35 минут, да и вид из окна поезда метро тоже неплохой!**

A Система Тайбэйского метро становится всё более удобной и обширной, что привлекает многих путешествующих, поэтому в выходные дни в Даньшуе яблоку негде упасть — так много туристов.

Q **Кроме метро как ещё можно доехать до Даньшуя?**

A Конечно, от Тайбэя можно доехать на автобусе, машине или на катере, но самый быстрый и удобный путь — это всё-таки метро. Даньшуйская линия метро действует с 1997 года. Она заменила железнодорожную ветку, построенную японцами, которая работала с 1901-го по 1988-й годы.

Q **Наверное, всё-таки стоит поехать в Даньшуй на катере.**

A Согласен! С 2005-го года туристы могут сесть на катер в Дадаочэне, старом районе Тайбэя. Можно выйти или в историческом районе Даньшуя, рядом со Старой улицей, или плыть прямо до устья реки Даньшуй, где находится Набережная рыбаков. С 2007-го года по Даньшую ходит корабль, оформленный под американский колёсный пароход «Царица рек». Если плыть на нём, то можно сразу и закусить, и развлечься, и полюбоваться прибрежными видами!

Q **Похоже, что Даньшуй – достаточно густонаселённый район, особенно много молодых.**

A Население Даньшуя 150 тысяч. Но в городке пять высших учебных заведений, поэтому много студентов, приехавших на учёбу. Кроме того, это место недалеко от Тайбэя, транспорт удобный, а цены на жильё ниже столичных, так что немало молодых супругов решают жить в Даньшуе.

Q **А как много туристов приезжает в Даньшуй?**

A Закат в Даньшуе входит в число так называемых «Восьми топ-пейзажей Тайваня», так что с давних времён это место привлекает множество туристов. Сейчас каждый год в городке бывает около 5 миллионов путешественников.

Ключевые слова

01. паром, переправа (сущ.): 渡輪，聯運船，擺渡船

02. перевозить, переправлять(ся) (глаг.): 渡河

03. пригородный автобус (поезд) (сл.соч.): 近郊公車 (火車)

04. плавучий причал (сл.соч.): 浮動式碼頭

05. Шангрила, райский уголок (сл.соч.): 幻想的世外桃源

06. разветвленная сеть дорог (сл.соч.):
    (指捷運網絡) 四通八達

07. упакованный, полный (прил.): 塞得滿滿的，擁擠的

08. речной ресторан (сл.соч.): 餐船

09. густонаселённый (прил.): 人口眾多的，人口稠密的

10. перемещение, миграция населения (сл.соч.):
    人口的流動

11. лучший выбор для…(сл.соч.), предпочтение (сущ.):
    首選

12. известный, знаменитый (прил.): 有名的；有聲譽的

13. захватывающий (прил.): 壯觀的；壯麗的

14. захватывающий, потрясающий, поразительный (прил.):
嘆為觀止的

15. вдохновлять/ вдохновить на··· (глаг.):
賦予……靈感，給……以啟示

16. блеск (на) поверхности (сл.соч.): 虛有其表

17. шлюз, ворота, вход (сущ.): 途徑、方法、門戶、通道

18. способствовать, помогать (чем? кому? чему?) (глаг.):
促進；幫助

19. огромный, гигантский (прил.) : 巨大的，龐大的

20. картина, описание (сущ.):
畫（人物，風景等）、（用語言）描繪

21. успокаивающий, успокоительный (прил.) :
慰藉的、使人寬心的

22. прямая дорога, прямой маршрут (сл.соч.): 直航

23. (хорошо) осведомлённый, образованный (прил.):
知性、有知識的、博學的

24. экология (сущ.): 生態

25. объём пассажироперевозок (сл.соч.): 載客量

Tamsui
03

紅毛城

ФОРТ САН-ДОМИНГО.

Форт Сан-Доминго был построен испанцами во время оккупации ими Северного Тайваня в 1628 году. В 1644 году он был реконструирован голландцами. В то время местные жители называли голландцев «рыжеволосым народом», поэтому крепость была названа «Красный замок». В 1661 году Косинга отбил голландцев и на короткое время стал правителем Тайваня. В период правления династии Цин форт был еще раз отремонтирован и использовался как военная крепость. В 1867 году «Красный замок» был арендован англичанами на длительное время в качестве британского консульства, и в 1891 году позади него была построена резиденция в викторианском стиле. В 1972 году форт Сан-Доминго был передан под опеку Австралии и Соединенных Штатов Америки, поскольку в то время дипломатические связи между Великобританией и Тайванем были разорваны. В 1980 году права собственности на форт перешли Тайваню. Именно тогда форт Сан-Доминго, одно из старейших зданий на Тайване, был сделан национальным памятником, отреставрирован и назван Историческим музеем Даньшуя.

« Красный замок в Хобе»

"… Волны встали в линию, шумя как гром, и твои мечты стали видениями. В мгновение времени заблистал грандиозный закат. Панорама из павильона охватывает величественные берега, облака, деревья, паруса и птиц".

У Ци-Гуан, который родился в пригороде Мяоли, был успешным кандидатом, сдавшим региональные экзамены в период правления императора Тонджи династии Цин. Он был очень опытным в конфуцианской классике, истории и философии. У можно оценить как одного из главных ученых на Тайване 19 века. Цю Фэн-Цзя был его учеником. В 1866 году прогуливаясь по Даньшую в ожидании лодки для поездки на материк для сдачи экзамена, У написал « Красный замок в Хобе».

Голландская крепость

Первый форт был построен испанцами из дерева, и в конце концов был сожжен местными жителями. Он был восстановлен из камня, но вскоре, после завершения работ, Испания решила вывести свои войска и приказала его разрушить. В мае 1644 голландские войска начали еще раз восстанавливать форт с использованием камня и высококачественной извести и кирпича из Индонезии. Твердый, глубокий фундамент и своды очень напоминали Голландскую крепость, которой полагалось быть сильной и прочной. В 1662 году Косинга изгнал голландцев из южной части Тайваня, и их войска отступили к Даньшую перед тем, как навсегда покинуть страну. В 1863 году англичане взяли крепость в аренду и переоборудовали ее в консульство и резиденцию.

Британское консульство

Британское консульство было построено из кирпича в колониальном стиле, который характеризуется верандой с арочным коридором, защищающим от тропической жары летом; наклонной крышей, спроектированной архитектором, нанятым британским консулом; красным кирпичом и работой мастеров из Фуцзяня и Сямэня. В резиденции на западной стороне были построены гостиная и кабинет, на восточной стороне - столовая и кухня, а в задней части - прачечная и комнаты для прислуги. На втором этаже были построены три большие спальни и кладовая. Зеленая зона вокруг резиденции была превращена в розарий. Полдником обычно наслаждались на веранде. Изысканный дизайн и изысканные материалы воплотили в себя чувства британской резиденции. Это были редкие остатки колониального стиля колониальной эпохи в Восточной Азии.

Диалог

Q **Выглядели ли англичане рыжеволосыми в глазах китайцев?**

A Да, выглядели. У представителей кавказской расы в целом были рыжие или коричневые волосы, поэтому всегда иностранцев называли «рыжими». 400-летняя история форта Сан-Доминго, в которую были вовлечены Испания, Нидерланды, Косинга из династии Мин, династия Цин, Великобритания, Япония, США и Австалия, отражает историю Тайваня.

Q **Сколько английских консульств было построено на Тайване?**

A Всего три, расположенные в Гаосюне, Анпине и Даньшуе. Консульство в Даньшуе было построено недавно, оно является самым крупным и живописным. Все три здания были построены в викторианском стиле, который относится к колониальному типу.

Q **Вело ли консульство Великобритании крупномасштабную деятельность?**

A Тайвань осуществил большой скачок в международной торговле с тех пор, как Даньшуй стал международным торговым портом, особенно по экспорту чая и камфоры в материковый Китай.

Q **Остались ли англичане в Даньшуе после оккупации Тайваня Японией в 1895 году?**

A Они остались. Согласно международному праву, английское правительство имело законное право остаться. Они не покидали Даньшуй до начала Второй Мировой войны. После ее окончания они освободили форт Сан-Доминго.

Q **Почему Британское правительство не возвращало форт Сан-Доминго до 1980 года?**

A Они с большой неохотой вернули его и поддерживали их законное право на владение, даже когда в 1972 году были разорваны дипломатические отношения. Потребовалось много усилий, чтобы получить его обратно, и именно благодаря этим усилиям, форт можно посетить и наслаждаться его красотой в настоящее время.

Ключевые слова

01. переносить, транспортировать (глаг.): 轉交、轉移

02. военный (прил.): 軍事要塞

03. аренда (сущ.): 出租

04. договор об аренде (сл.соч): 租約

05. консульство (нар.): 領事館

06. резиденция (сущ.): 住所、住宅、官邸

07. расстаться (глаг.): 斷絕、關係中止

08. дипломатический (прил.): 外交關係

09. отремонтировать (глаг.): 整建、修理、改善

10. Косинда (сущ.): 鄭成功

11. отражать (глаг.): 擊退、驅除

12. колониальный (прил.): 殖民地式的

13. камфора (сущ.): 樟腦

14. экспорт (сущ.): 輸出、出口

15. международное право (сл.соч): 國際法

16. уходить (глаг.): 撤走

17. вынужденный (прил.): 不情願、勉強的

18. известь (сущ.): 石灰

19. свод (сущ.): 拱頂；穹窿

20. веранда (сущ.): 陽臺、遊廊、走廊

21. тропический (прил.): 熱帶的、位於熱帶的

22. арочный (прил.): 拱型的、拱頂的

23. комната для прислуги (сл.соч): 僕人房

24. гостиная (сущ.): 餐廳

25. кладовая (сущ.): 貯藏室

26. розарий (сущ.): 玫瑰園

27. изысканный (прил.): 雅致的

28. прачечная (сущ.): 洗衣間

馬偕、教會、學校

Tamsui
04

ДОКТОР МАККЕЙ, ЦЕРКВИ И ШКОЛЫ

Джорж Маккей был миссионером из Канады, который основал больницу Маккея. Больница по-прежнему работает круглосуточно, обслуживая нуждающихся. Он оказал большое влияние на Тайвань, и здесь даже есть улица его имени. Почти 30 лет жизни он посвятил медицинской помощи, миссионерской работе и образованию, был похоронен на Тайване. Покинув свой родной город в возрасте 27 лет, доктор Маккей приехал в Даньшуй в марте 1872 и решил здесь остановиться. Он основал пресвитерианскую церковь на средства, полученные от США и Канады, и открыл стоматологическую практику, предлагал медицинские услуги раненым солдатам династии Цин. Несмотря на то, что он не имел медицинской степени, он удалил свыше 20 тысяч зубных корней. Он также импортировал семена овощных культур, таких как репа, капуста, помидоры, цветная капуста и морковь.

Часовня пресвитерианской церкви

Часовня пресвитерианской церкви расположена на улице Маккея. Нынешнее здание был отремонтировано в 1932 году по проекту сына Джорджа Маккея - Джорджа Лесли Маккея. Подражая готическим кирпичным постройкам, часовня имеет квадратную колокольню, потолок с деревянными балками и орган 1909 года. Часовня является крупнейшей часовней в Даньшуе и вмещает до 300 человек. Ее крыша была отремонтирована в 1986 году. Как утверждают два престижных дизайнера Хонг Чуан и А Хуан-Шу, наружный вид здания был построен при помощи высококачественного кирпича. Это одна из самых заметных достопримечательностей Даньшуя. Часовня является любимым местом художников.

Пастор Джордж Лесли Маккей

Джордж Лесли Маккей (1844-1901), которого тайваньцы называют доктор Маккей или пастор Маккей, родился в Канаде в провинции Онтарио. Он был врачом и пресвитерианским пастором. Западные историки определили жизнь доктора Маккея его девизом «Лучше сжечь, чем все изъест ржавчина». Приехав в Гаосюн в 1871 году, доктор Маккей начал заниматься миссионерской работой в Даньшуе, выучил язык фуцзянь и женился на местной тайваньке. Он много путешествовал и основал около двадцати церквей в северной и восточной частях Тайваня. Благодаря его усилиям в 1882 году был основан Оксфордский колледж (в настоящее время он называется Университет Алетейя), два года спустя была создана женская школа, которая была пионером в области образования для женщин. Следуя по стопам своего отца, Джордж Лесли Маккей основал Тамканскую среднюю школу. Повседневная жизнь доктора Маккея на Тайване была описана в дневниках Джорджа Лесли Маккея. В них содержится свыше 700 тысяч слов, они опубликованы в трех томах.

Тамканская средняя школа

Тамканская средняя школа была основана доктором Маккеем и его сыном. Ранее эта школа называлась Даньшуйская средняя школа и Даньшуйская женская школа. Это столетний образовательный институт, ставший свидетелем культурного преобразования Тайваня. Он расположен среди гор у моря, также известен своими красивыми пейзажами. Кампус соединяет в себе концепцию престижных западных школ с традициями китайских архитекторов, тем самым формирует идеальную среду для развития спокойного, культурного человека. Тамканская средняя школа стала духовной крепостью Даньшуя, ее восьмиугольная башня смешивает в себе черты китайских пагод с византийской архитектурой. Башня, которая была завершена в июне 1925 года, стала возможной благодаря К. В. Дауи, канадскому миссионеру и учителю геометрии.

Диалог

Q Я быстро окинул взглядом улицу Маккея и его памятник. Несмотря на то, что он канадец, он должен быть почетным гражданином Даньшуя.

A Он и есть. Тайвань был его домом последние 30 лет жизни. Даньшуй был местом, где он неустанно вел миссионерскую работу, оказывал услуги в медицине и образовании. Он был поистине благословением Тайваня.

Q В отличие от эгоистичной и зачастую жестокой оккупации Тайваня Испанией, Нидерландами, Францией, Японией и Великобританией, подход канадского доктора Маккея был бескорыстным, а его добрые дела принесли ему глубокое уважение народа.

A Современная медицинская наука была представлена Тайваню доктором Маккеем, который оказывал медицинские услуги, улучшал медицинские технологии и привлекал средства для развития больниц. В настоящее время мемориальная больница Маккея имеет четыре отделения по всей стране, более трех тысяч мест и более семи тысяч сотрудников. Также имя Маккея носит Колледж медицины (училище), к котором есть сестринское отделение и отделение управления, а также Медицинский колледж Маккея.

Q Правда ли, что Тамканская средняя школа имеет красивый кампус, а также является альма-матер Джея Чоу, известного певца и композитора?

A Да, Тамканская средняя школа была первой западной школой, основанной на Тайване. Ее великолепный особняк и изящный кампус являются отличным дополнением к китайской общине. Эта школа также была основана доктором Маккеем, ее дальнейшее развитие продолжил его сын - Джордж Уильям Маккей. Открытая академическая атмосфера вдохновляла людей в искусстве и в бизнесе. Это также альма-матер Ли Тэн-Хуэя, бывшего президента Китайской Республики.

Q **Основание Тамканского университета както связано со всем этим?**

Да, связано. Чанг Чинг Шэн, который был родом из материкового Китая и основателем Тамканского университета, хотел организовать университет после его обучения в Японии. Но перед этим он принял приглашение возглавить Тамканскую среднюю школу. Он проработал там до 1950 года, и после успешного сбора денег, началось строительство Тамканского университета. Первоначальное он находился на месте Тамканской средней школы.

Q **Снял ли Джей Чоу какой-нибудь фильм в Тамканской средней школе?**

A Да, там в 2007 году он снимал свой фильм «Секрет». Долгое время Даньшуй был благоприятным местом для съемки фильмов, начиная от «Песочной гальки» (1966), «Последнего поезда в Даньшуй» (1986) до «Мальчиков из ячменя» (2008) и телевизионной пьесы «История Тайбэя» (2009).

Ключевые слова

01. **престижный** (прил.): 知名、有名望的

02. **круглосуточно** (нар.): 日以繼夜地

03. **посвятить – посвящать** (глаг.): 以……奉獻，以……供奉 (+to)

04. **Пресвитерианская** (прил.) **церковь** (сущ.): 基督長老教會

05. **поднимать, увеличивать** (глаг.): 增加

06. **морковь** (сущ.): 胡蘿蔔

07. **капуста** (сущ.): 甘藍菜

08. **цветная капуста** (сущ.): 白色花椰菜；
    брокколи (сущ.): 綠色花椰菜

09. **репа** (сущ.): 白蘿蔔

10. **строить, возводить** (глаг.): 落腳

11. великолепный (прил.): 豪華的、華麗的

12. грациозный (прил.): 優美的

13. директор (школы) (сущ.): (中小學) 校長

14. часовня (сущ.): 禮拜堂

15. орган (сущ.): 風琴

16. фуцзянь (сущ.): 福建

17. превращение (сущ.): 轉變

18. объединять (глаг.): 結合

19. геометрия (сущ.): 幾何學

20. идеальный (прил.): 理想的

Tamsui
05

觀音山

ГОРА ГУАНЬИНЬ

Гора Гуан-Инь расположена на левом берегу реки Даншуй. Самая высокая ее точка составляет 616 метров и носит название Ин Хань Лин, что в переводе означает «Труднодоступная вершина». На горе расположено несколько древних храмов, некоторые из которых посвящены Гуан-Инь (богине милосердия). С вершины горы Гуаньинь открываются великолепные виды на Тайваньский пролив на востоке и на Гуанду на северо-востоке, на противоположном берегу реки Даншуй. Даже окутанная туманом, она входит в число «Восьми чудес Тайваня». Во время правления голландцев эта идеальная для пеших прогулок гора называлась Даншийзе Берч, а во время династий Хань она носила название Парригон. Именно так называлось племя, жившее на этой горе. Существует две версии того, почему в итоге гора получила имя Гуан-Инь. Согласной одной из них, будущий император Ху Чжо-ю построил здесь Даосский храм и назвал его в честь Гуан-Инь. Вскоре местные жители стали так же называть и саму гору. По другой версии, хребет горы своими очертаниями напоминает лежащую на спине Гуаньинь, особенно если смотреть на нее стороны Гуанду, и именно благодаря этому сходству люди стали называть гору именем Гуан-Инь.

Легенда о Гуаньинь

Будда Гуань Ши Инь или Бодхисатва (на санскрите: अवलोकितिश्वर, Авалокитешвара), также известен как Будда Гуань Цы Цай (Будда Милосердия). Гуань-Инь - самое почитаемое божество в Восточной Азии, главное среди Пантеона Пяти Божеств. Изображения Гуань-Инь часто можно встретить в домах наравне с изображениями предков, на алтаре, освящаемом и днем, и ночью. Буддийские статуи Гуань-Инь стремятся передать ее милосердие и готовность помочь страждущему. Бодхисаттве в буддизме поклоняются чаще всего, недаром существует известная пословица: «Амитабха хранит дом, а Гуань Ши Инь – семью».

Храм Фую

Храм Фую, построенный в 1732-м году и реконструированный в 1796-м, является древнейшим храмом подобного рода в Даньшуе. Он посвящен богине Ма-цзу, покровительнице путешественников и купцов, чья дорога пролегала по морю. В свое время храм был объектом паломничества. Улицы вокруг храма вскоре превратились в город Даньшуй. Напротив храма располагался порт, который и положил начало городу Даньшуй. По легенде, во времена Китайско-Французской войны (1884-1885) французские корабли не смогли вторгнуться на китайскую территорию именно благодаря покровительству божеств храма. В честь победы император Гуансюй даровал храму драгоценную плиту с надписью «Благословение свыше». Храм Фую был отнесен к третьему классу объектов исторического наследия, и с этим трудно поспорить, глядя на его каменные колонны, плиты, старинные панели.

Особый интерес представляет плита с гравировкой «Башня Ван Гао», которая доказывает, что когда-то при храме должен был появиться маяк.

Археологический музей Ши Сань

Археологический музей Ши Сань Хан находится на левом берегу реки Даншуй и входит в число объектов национального наследия второго класса. В основе музея лежит коллекция «Ши Сань Ханских реликвий», собранная в 1957-му году геологом Линь Чао Ци. Коллекция включает в себя множество объектов эпохи Железного Века (500-1800 лет тому назад). Вероятно, эти реликвии достались нам в наследство от предков племени Кетагалан из рода Пингпу. При раскопках были найдены глиняные и железные сосуды, обломки мебели, погребальные вещи, а также предметы иностранного происхождения. Строительство музея началось в 1989-м году, а в апреле 2003-го он был открыт широкой публике. На территории вокруг музея разбили Левобережный Парк Культуры и Экологии Бали, где можно познакомиться с традициями и культурой аборигенов, а также просто отдохнуть, наслаждаясь природой.

Диалог

Q Почему это место называется Ши Сань Хан?

A Ши Сань Хан в переводе означает «тринадцать иностранных торговых компаний» и отсылает нас ко временам династии Цин, когда на этом месте работали тринадцать филиалов иностранных торговых компаний.

Q Аборигены занимались мореходством?

A Ну конечно. Среди аборигенов были целые династии мореходов. Пользуясь океанским течением, они на Банка (вид каное) совершали опасные путешествия от берегов материкового Китая к близлежащим островам. Предки племени Кетагалан из рода Пингпу обосновались здесь около полутора-двух тысяч лет назад.

Q Можно ли напрямую добраться отсюда до материкового Китая?

A Да, в октябре 2013-го из Тайбэя начал курсировать регулярный паром от порта Бали до китайского Пингтана (Фучжоу). Дорога занимает всего 3 часа. А давным-давно приходилось плыть на лодках несколько дней.

Q Будда Гуан Ши Инь – это мужчина или женщина?

A В буддизме Будда и Бодхисатва – существа бесполые. Во времена династии Тан (618-907) Гуан Ши Инь представал в мужском образе, однако свою божественную сущность при общении со смертными он проявлял уже в женском обличье. Вероятно, постепенная трансформация объясняется тем, что божество Гуан Ши Инь символизирует собой материнскую любовь.

Q Кем при жизни была Ма-цзу, богиня моря?

A Когда-то ее звали Линь Мо-ньен, она была дочерью рыбака и жила в провинции Фучен, было это во времена династии Сон (960-1279). Согласно легенде, она пожертвовала своей жизнью, чтобы спасти отца и брата, попавших в бурю, и с тех пор стала покровительницей всех мореплавателей. Культ Ма-цзу вскоре распространился по всему южному Китаю и юго-восточной Азии, и сейчас число ее почитателей составляет порядка двухсот миллионов человек. На одном только Тайване насчитывается свыше 900 храмов, посвященных Ма-цзу.

Ключевые слова

01. Словарь

02. высота (сущ.): 海拔、高度

03. хранить (глаг.): 保存、保護

04. обожествлять (глаг.): 將……奉若神明

05. ожество (сущ.): 神祇

06. силуэт (сущ.): 輪廓

07. потомок (сущ.): 後裔

08. океанское течение (сущ.): 洋流

09. нейтральный (прил.): 中立的、中立地帶的、模糊的

10. пол (сущ.): 性別

11. одинокий (прил.): 僅、單單

12. все живые существа (сл.соч.): 世間眾生

13. надпись (сущ.): 經典、經文、聖典

14. раскрывать (глаг.): 除去……的面紗、揭露出來

15. чтить (сущ.): 尊敬；崇敬

16. археология (сущ.): 考古學

17. давать название (глаг.): 定名、給……稱號

18. раскапывать (глаг.): 發掘

19. античный (сущ.): 古老的

20. керамика (сущ.): 陶器

21. железные изделия (сущ.): 鐵器

22. печь (сущ.): 煉鐵爐、熔爐

23. погребальный предмет (сл.соч.): 墓葬品

24. сохранение (сущ.): 保存，自然保護區

25. разнообразный (прил.): 多種多樣的、多變化的

26. народный обычай (сущ.): 民俗

27. по сей день (сл.соч.): 迄今

28. выкапывать (глаг.): 出土、開鑿

29. купец (сущ.): 商人

30. покров (глаг.): 覆蓋、掩蔽

淡水河岸

Tamsui
06

БЕРЕГ РЕКИ ДАНЬШУЙ

Участок берега реки длиной в полтора километра от Старой улицы до рыбачьего причала местные власти назвали Золотым пляжем, потому что это место прекрасно выглядит на закате солнца. Вдоль пляжа среди деревьев тянется дорожка, а берег реки здесь – как театральная сцена на воде с кафе, магазинчиками и Площадью искусства в полосе прибоя. Растущие здесь восьмисотлетние банановые деревья образуют естественный павильон, в тени которого так приятно любоваться закатом. Берег у магазинов украшают три скульптуры: «Резвящиеся рыбы» работы Ю Лянь-чжуня, «Лодка и луна» Уэхары Кадзуаки и «Солнечный свет» Лай Чжэ-сяна. Магазинчики и дорожка делают берег популярным местом прогулок.

Даньшуй в живописи и фотографии

Даньшуй, небольшой городок с прекрасными видами, расположенный там, где сходятся гора и река, был одним из главных портов Тайваня. У него богатая история. Его значение процветающего морского порта придало его облику особенное разнообразие и очарование, так что виды Даньшуя во все времена вдохновляли поэтов и фотографов. Эта мекка профессиональных живописцев чем-то напоминает похожие города в Европе, но отличается своим особым очарованием. Он встречает художников американской готической церковью, лодками, плывущими к причалам, ниспадающими складками горы Гуаньинь и туманами над устьем реки. Это место, где был бы счастлив жить любой западный живописец, хранит свою неповторимую красоту.

Фольклорная музыка в Даньшуе

Фольклорная музыка, создаваемая местными жителями, всегда пользовалась особенной популярностью на Тайване. Первоначально песни передавались из уст в уста и питались глубокими чувствами народа. Фольклорные песни вошли в моду с 70-х годов прошлого века и немало способствовали формированию национального мировоззрения тайваньцев. Особенно большую роль здесь сыграл Ли Шуан-цзэ (1949-1977), выпускник Тамканского университета, который произвел сильное впечатление на слушателей на университетском концерте. Держа в руке бутылку Кока-колы, он спросил публику: «Есть ли у нас своя собственная музыка во времена, когда тайваньцы пьют западную коку и слушают западную музыку, как люди Запада?». Потом он спел песню «Рыбацкий невод», сочиненную Ли Линь-цю (1900-1979).

Грезы Е Цзюнь-линя

Сценарист Е Цзюнь-линь приехал в Даньшуй со своей командой в 1957 г. Прогуливаясь по берегу реки, он вдруг увидел пейзаж необыкновенной красоты. Солнце садилось за горизонт, рыбачьи лодки возвращались к причалу, и он услышал доносящуюся издалека песню. Посмотрев вокруг, он увидел, что песню пела женщина, стоявшая за дверью дома на высоких сваях. Она смотрела на радостные встречи на берегу. Образ этой женщины вдохновил Е на написание песни.

Закат в Даньшуе.

Слова Е Цзюнь-линя, музыка Хун И-фэна. 1957 г.

Солнце садится на западе. Ярко сияют воды реки. Мужчины и женщины, старики и дети ждут рыбаков, возвращающихся домой.

Двери и окна домов полуоткрыты. Струны поют о многих чувствах и неизъяснимой грусти.

Над горой Шамао разлит туманный лунный свет. Нет ничего прохладнее морского ветра.

На речной переправе сидит одинокая птица. От ее песни невольно сжимается сердце.

Закат в Даньшуе будит так много чувств. Сгущается ночной туман. Звон колокола растекается над гладью моря.

Вдали чуть виднеются фонари на Будине, они мерцают, как звезды в ночном небе. Этот незабываемый вид наполняет сердце печалью.

Диалог

Q **Здесь много туристов. Они приезжают из Тайбэя на метро?**

A Да. Даньшуйская линия была открыта в 1997 г. Поначалу она окупалась плохо изза того, что это место было недостаточно популярным. А сейчас по выходным и праздничным дням оно работает на пределе возможностей, и люди набиваются в поезда, как сардины в бочке.

Q **Сколько туристов может принять Даньшуй?**

A На китайский Новый год здесь побывало рекордное число туристов – более 100 тысяч. Просто ногой было некуда ступить. Казалось, что Даньшуй утонул в людском море.

Q **Приятно ли путешествовать, когда вокруг так много народу?**

A Наверное, обилие людей доставляет некоторые неприятности. Но в Даньшуй тихо и спокойно по будням и в утреннее время.

Q Даньшуй – родина множества популярных песен, и он фигурирует во многих лирических стихотворениях. Есть ли в Даньшуе свои музыкальные традиции?

A Музыкальное отделение имеется только в Тайбэйском Государственном университете искусств. Но это не значит, что в Даньшуе нет музыки. Даньшуй и сегодня вдохновляет многих музыкантов, особенно сочиняющих в фольклорных жанрах. Например, песня Прогулки в Даньшуе, написанная Чэнь Мин-чжаном, пользовалась большой популярностью в 1997 г.

Q А как Даньшуй выглядит сегодня в сравнении с былыми временами?

A Мне кажется, раньше Даньшуй был прежде всего рыболовный порт, в котором неприятно пахло рыбой. Теперь он стал гораздо чище и ориентирован на туристов, которые наслаждаются красивыми видами и современной средой.

Ключевые слова

01. скульптура (сущ.): 雕塑品

02. артистическая атмосфера (сл. соч.): 藝術氣息

03. экзотический (прил.): 異國情調的、奇特的

04. во множестве (сл.соч): 眾多

05. стоят как сардины в бочке (сл.соч): 一位難求

06. принимать, вмещать (глаг.): 容納、能提供……膳宿

07. настоящий (прил.): 真實的、非偽造的、名副其實的

08. фольклорные песни (сл. соч.): 民歌

09. сценарист (сущ.): 劇本作家、編劇家

10. выражение (сущ.): 表情、臉色

11. побуждать (глаг.): 鼓動、煽動

12. создать свой уникальный стиль (сл.соч): 自成一格

13. честно (нар.): 認真地、誠摯地、熱心地

14. созвучие, эхо (сущ.): 共鳴、 回響、餘韻

15. в настоящее время (сл.соч): 如今

16. дом на сваях (сущ.): 帶閣樓、頂樓的房子

17. поэтический (прил.): 詩意的

18. богатый (прил.): 深厚的

19. размышление (сущ.): 深思、熟慮

20. покрытый дымкой (сл. соч.): 被薄霧所覆蓋

21. туманный (прил.): 霧的、有霧的

22. будит много чувств (сл.соч): 百感交集

淡水老街

Tamsui
07

СТАРАЯ УЛИЦА ДАНЬШУЯ

После открытия порта в Килунге Даньшуй утратил своё значение как центра коммерческой жизни и превратился в региональный рыбный порт. Возрождение города было связано с его превращением в туристический центр. В исторической части улицы Цзон Цзен среди современной застройки тут и там встречаются старые кирпичные магазинчки. Гуляя по Старой улице с её древними храмами, можно с легкостью совершить путешествие во времени. Особый интерес представляют улицы Цзон Цзен, Чхон Цзен, Цин Шуэй и здание станции МРТ, добраться до которых совсем не составляет труда. Улица Цзон Цзен многолюдна, полна магазинов и закусочных Антикварные и ремесленные лавки придают району особую атмосферу центра искусства и старины.

Улица Чхон Цзян

Улица Чхон Цзян с давних пор является центром торговой жизни района. Туристы по сей день могут прогуливаться по ней, наслаждаясь атмосферой Даншуя. Каждый из пятисот или шестисот метров этой улицы дышит историей. Благодаря своему расположению, эта улица служила главной транспортной артерией. Дорога вниз приведет вас прямо к порту, а наверх – к деревне. Во второй половине 19-го века Даншуй был на пике своего развития, и многие политические деятели, банкиры и ученые предпочитали жить именно здесь. Местный ландшафт холмист, и старые, но опрятные домики рядами лепятся на склонах.

Хвала улице Чхон Цзян

(Chinese Times, 2 декабря 2013, автор – Си Син Энь) На улице Чхон Цзян, которой насчитывается свыше 230 лет, расположены 4 исторические достопримечательности. Однако правительство Нью Тайбей Сити развернуло второй этап проекта по расширению улицы в целях повышения ее безопасности, что привело к массовым протестам и лозунгам «Хвала улице Чхон Цзян». Уже в первый день сотни протестующих высказались в поддержку сохранения исторического облика улицы Чхон Цзян. С этой улицей связана вся история Даншуя, а старинные дома по ее обочинам хранят не только память о традициях и культуре, но и пулевые отверстия со времен Китайско-Французской войны.

Белый дом

Даншуйский Белый дом, построенный на склоне улицы Сань Мин в 1875 году, получил свое название благодаря серо-белой отделке. Считается, что его строительство финансировал Линь Бень Юань, богатый купец из Банчао, а архитектором выступил Юань Цин Хуа, один из последователей доктора Маккея. До того, как превратиться в склад, здание использовалось как резиденция еврейской торговой компании. После пожара здание разобрали и реконструировали. Сейчас это место облюбовали художники. В 2009-м году Культурный Фонд Даншуя заказал роспись художнику Сяо Дзинь-Син. На ее создание ушло несколько месяцев, зато теперь Даншуй предстает на ней живым, захватывающим произведением искусства.

Красный дом

Красный дом, построенный в 1899-м году в качестве усадьбы купца Ли И-Ханя, не уступает по своей славе Белому дому. В 1913-м году, после того, как два корабля Ли потерпели крушение и затонули, он продал дом Хон И-Наню, советнику Тайбейского правительства.

Красный дом получил название Да Гуань Лоу, что означает просветленный и философский. Он построен в западном стиле и похож на резиденцию Даншуйского Британского Консульства: просторный двор, множество лестниц и прекрасный вид. Хон И-Нань в свою очередь продал дом Хон Бин-Дзяну, знаменитому владельцу рыбной лавки Де Юй. В 1999 архитекторы, историки и художники взялись за реставрацию здания. В 2000-м году в Красном доме открылся ресторан смешанной кухни и художественная галерея.

Диалог

Q **Потрясающе, как много усилий прилагают люди искусства ради сохранения Старой улицы. Как им удается работать так слаженно?**

A В каждом городе есть свои литературные и исторические кружки. Их участники регулярно встречаются или общаются по Интернету.

Q **Говорят, что на Тайване самое большое количество пользователей Фейсбука во всем мире, это так?**

A Все большее количество людей выходит онлайн, возрастает популярность чатов, и теперь те, кто раньше громко болтал по телефону, теперь тихонько сидят в смартфонах.

Q **Лестницы на улице Чхон Цзян потрясают и восхищают. А благодаря их покатости по ним легко забираться.**

A По этим ступеньками поднималось бесчисленное число людей, ведь им уже сто или даже двести лет. Жизнь стекается по ним в каждый уголок улицы Чхон Цзян. А мягкий наклон действительно делает лестницы пригодными для уличных торговцев и пожилых людей.

Q **Во фразе «Хвала улице Чхон Цзян» заключена удивительная игра слов.**

A Иероглиф «хвала» в китайском языке объединяет понятия «близкий» и «поддержка», так что эту фразу можно еще перевести как «Душевная компания на улице Чхон Цзян».

Q **Красный Дом отреставрирован вплоть до мельчайших деталей, что дает полное представление о его былом величии.**

A С террасы Красного Дома открываются чудесные виды на закат и ночное небо. Позвольте угостить вас чашечкой кофе.

Ключевые слова

01. коммерческая функция (сущ.): 商務功能

02. заиливать (глаг.): 泥沙淤積

03. региональный (прил.): 地區的，局部的

04. снижение (сущ.), снижать (глаг.): 沒落

05. новомодный (прил.): 新式的

06. зеркало (сущ): 鏡子

07. вышедший из моды (сл.соч): 舊式的、過時的

08. повседневная жизнь (сл.соч): 生活點滴

09. можно сказать (сл.соч): 堪稱

10. шумный и многолюдный (прил.): 吵雜的、熱鬧的

11. кухня (сущ.): 菜餚

12. закуска (сущ.): 小吃

13. проверенный временем (сл.соч): 歷史悠久

14. зигзаг (глаг.): 蜿蜒

15. знаменитость (сущ.): 名人

16. ночной пейзаж (сл.соч): 夜景

17. глубина (сущ.): 深度、深處、縱深

18. сидеть в смартфоне (сл.соч): 滑手機

19. внезапно (нар.): 突然地

20. умеренный (прил.): 適中的、溫和的

21. соображение безопасности (сл.соч): 安全疑慮

22. расширение дороги (сл.соч): 道路拓寬

23. подниматься и спускаться (глаг.):
    興盛與衰亡、上升與下滑

24. давать ход (сл.соч): 扣扳機開（槍）、觸發、引起

25. уполномочивать (глаг.): 委任，委託

26. яркий (прил.): 生動的

27. захватывающий (прил.): 震憾人心的

28. ресторан смешанной кухни (сущ.): 複合式餐廳

29. связанный (прил.): 相通的

30. двор (сущ.): 庭院

31. просторный (прил.): 寬敞的

32. доступный (прил.): 可（或易）得到的、可（或易）使用的

Tamsui
08

殼牌倉庫

СКЛАДЫ ШЕЛЛ

Склады компании Шелл находятся в Бицзайтоу рядом со станцией метро и занимают площадь в 9000 кв. м. Здание было первоначально построено британской торговой фирмой Касс в 1894 г., а три года спустя его купила компания Шелл, которая построила здесь большие танкеры для керосина и железнодорожные пути, соединившие склад с Даньшуйской железной дорогой. За источаемый им неприятный запах здание получило прозвище «вонючий склад». После бомбардировки склада американской авиацией в октябре 1944 г. огонь в танкерах не могли потушить в течение трех дней. В 2000 г. склад был объявлен историческим памятником, и компания Шелл передала его Фонду культуры Даньшуй. В 2001 г. он превратился в Коммунальный университет Даньшуя, а в 2011 г. стал частью Даньшуйского парка культуры.

Даньшуйский Коммунальный университет

Даньшуйский Коммунальный университет открылся в августе 2001 г. Его всеобъемлющая образовательная программа, уникальность и дешевизна сделали его важным центром общественного образования. Цели университета – развитие образования для людей всех возрастов, культуры и коммунальной жизни. Его кампус отличается сочетанием исторических памятников, местной культуры и ориентацией образования на проблемы Даньшуя. Это учреждение очень гордится доверенным ему наследием.

Даньшуйский парк культуры

Даньшуйский пар культуры (включающий в себя склад Шелл и прилегающие территории) был создан в 2011 г. Он располагается на площади в 1,8 га и включает в себя восемь исторических зданий, а также остатки железнодорожных путей, которые использовались для перевозки нефти и смазочных материалов. Здания теперь отреставрированы и включают в себя шесть нефтяных танков, насосную станцию и бойлерную. Склад Шелл переживал трудные времена и сменил несколько хозяев, но сегодня он предстал во всей своей красе как образовательное учреждение (Даньшуйский Коммунальный университет), выставочный зал, сцена, художественная галерея и природный парк.

Иньшаньский храм, или Землячество Хакка

Иньшаньский храм, построенный в 1822 г. и ныне имеющий статус исторического памятника 2-ой категории, посвящен Будде Дунгуан, главному божеству этнической группы хакка в южном Китае. Храм во многом выглядит так же, как и во времена императора Даогуана, когда он был построен, включая глиняные скульптуры на коньке крыши. Это единственное землячество, которое сохранилось со времен династии Цин. Землячество – это что-то вроде клуба, где люди могли собираться вместе и

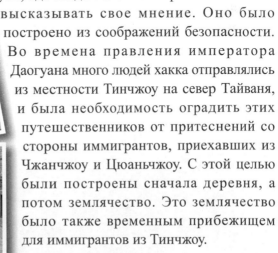

высказывать свое мнение. Оно было построено из соображений безопасности. Во времена правления императора Даогуана много людей хакка отправлялись из местности Тинчжоу на север Тайваня, и была необходимость оградить этих путешественников от притеснений со стороны иммигрантов, приехавших из Чжанчжоу и Цюаньчжоу. С этой целью были построены сначала деревня, а потом землячество. Это землячество было также временным прибежищем для иммигрантов из Тинчжоу.

Диалог

Q **Замечательная идея: объединять исторические памятники с экологией.**

A Да, конечно. Потому-то правительство создание исторического памятника Бицзайтоу и экологического парка, который включает в себя пять исторических достопримечательностей: храм Иньшань, могилы Хунаньских героев, склад компании Шелл, Даньшуйский водный аэропорт и метеорологическую обсерваторию.

Q **Тайваньцы уделяют большое влияние охране окружающей среды, не так ли?**

A Это стало заметно в последние десять лет, о чем свидетельствует развитие природоохранного законодательства и деятельность Министерства культуры.

Q **Даньшуй становится частью мировой деревни!**

A Даньшуй всегда был космополитически ориентированным местом. Современный Тайвань – открытая демократия. Но побочный эффект такой открытости миру состоит в том, что можно легко потерять связь с историей, так что историческую память надо тщательно оберегать.

Q Это правда, что большинство учащихся в Дань-
шуйском Коммунальном университете – пожилые
люди?

A Да, правда. С одной стороны, качество жизни, физическое
здоровье и ранний выход на пенсию позволяет государ-
ственным служащим участвовать в общественной
деятельности. С другой стороны, увеличившаяся продолжительность жизни расширяет потребности пожилых
людей. В Китае есть поговорка: «Век живи, век учись».

Q Теперь я вижу, что Даньшуй – не только рай для
молодежи, но и прекрасное место жительства для
пожилых людей!

A Честно говоря, покой Даньшуя часто нарушает разного рода
шум. Особенно шум уличного движения. Но изменить
маршруты следования транспорта – значит нанести ущерб
окружающей среде.

Ключевые слова

01. керосин (сущ.): 煤油

02. неприятный (сущ.): 惹人厭的、不舒服的

03. потушить (глаг.): 撲滅（火等）

04. занимать площадь (сл·соч): 佔（地方）、費（時間）

05. пронизывать (глаг.): 浸透、充滿、彌漫

06. бомбардировать (глаг.): 砲擊、轟炸

07. продолжительность жизни (сущ.): 生命長度、壽命

08. мотивировать (глаг.): 給……動機、刺激、激發

09. «Век живи, век учись». (сл·соч): 活到老，學到老

10. особенность стиля (сущ.): 風格、特點

11. выцвел (глаг.): 褪去（顏色）

12. демократизироваться (глаг.): 使民主化

13. Министерство культуры (сущ.): 文化部

14. Управление по охране окружающей среды (сущ.):
    環保署

15. великолепный (прил.): 非常好的、了不起的

16. обсерватория (сущ.): 氣象臺、觀測所

17. одобрить (глаг.): 批准；認可

18. насосная станция (сущ.): 幫浦間

19. бойлерная (сущ.): 鍋爐間

20. разрушить (глаг.): 破壞、蹂躪

21. цельная (прил.): 完整無缺的、原封不動的

22. остановится по пути (сл.соч): 臨時落腳

23. всеобъемлющий (прил.): 廣泛的、無所不包的、綜合的

24. административные дела (сущ.): 行政事務

25. регулирование (сущ.): 調節

26. непрерывно (нар.): 繼續地、不斷地

27. учебная программа (сл.соч): 教學大綱、課表

Tamsui
09

滬尾砲台

КРЕПОСТЬ ХУВЭЙ

Крепость Хувэй, расположенная на севере Даньшуя, была построена в 1886-м году генералом Лю Мин-чуанем, первым военным инспектором Тайваня, с целью защиты Даньшуйского порта. Форт занимает территорию в восемь гектаров и хорошо сохранился до наших дней. На арке главных ворот, ведущих в крепость, и по сей день отлично видна надпись из четырёх иероглифов, начертанная когда-то самим генералом Лю: «Бей мэнь суо яо», что означает: ворота северного Тайваня. В действительности первыми, оценившими стратегическую важность данного места, были испанцы: они разместили здесь пушки. Голландцы, сменившие испанцев, использовали Хувэй в тех же целях, а проиграв битву за остров и покидая Тайвань, сожгли укрепление. Во времена правления династии Цин, в 1808-м году, эта военная база была вновь восстановлена и использовалась как место размещения гарнизонных войск. Кроме того, в 1813-м году были установлены пушки и построено ещё одно укрепление. После франко-китайской войны генералу Лю было поручено укрепить береговую оборону северного побережья Тайваня – тогда-то и была построена та крепость, которую мы видим сегодня. После перехода Тайваня к Японии форт использовался как плацдарм для учений артиллерийских императорских войск.Когда правительство Гоминьдана обосновалось на Тайване, крепость Хувэй продолжала сохранять свою стратегическую роль в национальной обороне. В 1985 году форту была присвоена вторая категория по государственному реестру архитектурного наследия, он был отреставрирован и открыт для публичного посещения.

Ючэкоу

Ючэкоу, местечко в Даньшуе, где
разворачивались военные действия
1884-го года, по преданию, получило
своё название от переселенцев
из города Цюаньчжоу провинции
Фуцзянь. Некий выходец из этого
города по фамилии Го нашёл здесь месторождение нефти,
отсюда и название. Сейчас виды Ючэкоу, где в один фотокадр
вмещаются гора Гуаньинь, река Даньшуй с сине-красными
рыбацкими лодками и знаменитый даньшуйский закат, –
популярное место свадебных фотосессий. Здесь же находится
знаменитый храм Чжон-и, самый большой храм такого рода на
Тайване. В Праздник «двойной девятки», то есть в девятый день
девятого лунного месяца традиционного китайского календаря,
храм устраивает различные религиозные церемонии, в том числе
сжигание «королевского корабля». Около тридцати лет назад
рядом с храмом был старый «чёрный дом», народное название
которого перешло и на открытую в нём закусочную. Закусочная
славилась вкусной едой по разумной цене, в том числе
замечательными свиными отбивными. Популярность места была
столь велика, что в обеденные часы посетители ожидали своей
очереди, стоя на улице.

Франко-китайская война
1884-1885 годов

8 августа 1884 года, в ходе франко-китайской войны,
французский военный флот предпринял попытку оккупации
Тайваня. Вот тогда-то генерал Лю Мин-чуань и смог по-
настоящему оценить стратегическую роль Даньшуя как
ворот в северный Тайвань. Опасаясь нападения на столичный
Тайбэй, Лю решил прекратить оборону Цзилунского порта и

бросить все силы на защиту Даньшуя. После падения цинских укреплений в районе Шалуна, Чжунлуна и Ючэкоу генерал Лю отдал приказ генералу Сун Кай-хуа начать строительство береговых укреплений в районе Даньшуя. 8 октября 1884-го года цинские войска, возглавляемые генералом Суном, отразили атаку французских войск и удержали Даньшуй. Это была блистательная военная победа, результатом которой стала отмена санкций, установленных ранее французской стороной в отношениях с Тайванем.

«Беймэнь сояо» – Ворота северного Тайваня.

«Беймэнь сояо», эти китайские иероглифы, выбитые над входом в крепость, означают, что форту отводилась ведущая роль в защите северной части острова. После окончания франко-китайской войны, в 1885 году, генерал Лю Мин-чуань пригласил немецкого инженера MaxE. Hecht (1853-1892), который реконструировал все укрепления крепости и спроектировал новые. Кроме того, в 1889 году из Англии была привезена и установлена 31 пушка. Ход истории сложился так, что в дальнейшем ни немецкие военные укрепления, ни английские пушки не понадобились, поэтому крепость прекрасно сохранилась до наших дней. Сохранилась и выбитая в камне надпись на арке главных ворот – «бэй мэнь со яо», собственноручно начертанная генералом Лю более ста лет назад. Это единственная среди всех возведённых под руководством Лю Мин-чуаня крепостей, где можно видеть подобную архитектурно-историческую особенность. Немецкий инженер Max E. Hecht, награждённый за заслуги в деле обороны Тайваня, прожил 39 лет и похоронен на специальном кладбище для иностранцев в Даньшуе.

Диалог

Q Со стратегической точки зрения здесь просто идеальное место для военной крепости.

A Место, где мы сейчас находимся, -- это первый холм из цепи Пяти Тигриных Холмов, на которых расположен Даньшуй и его окрестности. Отсюда также хорошо видна старая площадка для гольфа, первая на Тайване. Она была оборудована японцами в 1919 году на месте того военного плаца, где обучались солдаты Цинской империи.

Q Многие жители Даньшуя связаны своими корнями с провинцией Хунань, не так ли?

A Верно. Большинство регулярных войск, прибывших на Тайвань из материкового Китая, были из Хунани, в том числе и генерал Сун Кай-хуа, который сыграл решающую роль в обороне острова во время франко-китайской войны 1884-го года. На кладбище в Ганчжэлинь сохранились гробницы погибших воинов из провинции Хунань.

Q На Тайване очень популярно фотографироваться перед свадьбой. Слышал, что тайваньский свадебный фото-бизнес добрался и до материка?

A О, это один из самых выгодных видов бизнеса! В Тайбэе есть целая улица, состоящая из свадебных фото-шопов, она так и называется – Свадебная улица. Все свадебные фото-шопы материкового Китая также открыты тайваньцами.

Q По моим наблюдениям, для свадебных фото выбираются самые красивые места на плэнере.

A Б. Всё верно, обычно ищут что-то красивое и интересное поближе к дому. Правда, некоторые выбирают заграницу как место свадебных фото. Тогда путешествие нередко совмещает фотосессию и медовый месяц. В связи с таким обычаем немало фотографов, занимающихся свадебным бизнесом, превратились в настоящих профессиональных гидов.

Q А как по-вашему, может ли свадебная фотосессия уменьшить процент разводов среди молодых пар?

A Прежде на Тайване разводов было очень мало, сейчас, конечно, гораздо больше. Может быть, молодые пары, надумавшие разойтись, просмотрев фотоальбом, запечатлевший моменты их взаимной любви и счастья, изменят своё решение и попытаются сохранить семью.

Q Э-э-э, если до того не выбросят драгоценный альбом на помойку!

A Вполне возможно, ха-ха!

Ключевые слова

01. ред)охранять (глаг.): 保留

02. гарнизонная служба (сл. соч.): 駐防

03. береговая оборона (сл. соч.): 海防

04. национальная оборона (сл. соч.): 國防任務

05. доверять, поручать, возлагать (что? кому?),
    уполномочивать (кого?) (глаг.):
    任命、委任、委託、賦予 (任務)

06. сменяемый (прил.): 舉足輕重的

07. занимает господствующее положение (сл. соч.):
    居高臨下

08. плац (сущ.): 練兵場

09. регулярная армия (сл. соч.): 正規軍

10. свадебное фото (сл. соч.): 婚紗照

11. экспорт (сущ.), экспортировать (глаг.): 輸出、外銷

12. процветающий, богатый, зажиточный (прил.) : 興旺的、繁榮的

13. развод (сущ.), разводиться /развестись (глаг.): 離婚

14. просматривать, пролистывать (глаг.): 隨便翻翻

15. оборонительное сооружение (сл. соч.): 防禦工事

16. ополченец (сущ.): 鄉勇、民兵

17. отражать, отбрасывать, побеждать (глаг.): 擊退、驅除

18. собирать(ся), монтировать (глаг.): 安裝

19. контролировать, наблюдать (глаг.): 監造、監督

20. место военных сражений (сл. соч.): 戰場

21. отличное качество по разумной цене (сл. соч.): 物美價廉

22. ссориться, ругаться (глаг.): 吵嘴、爭吵

漁人碼頭

Tamsui
10

НАБЕРЕЖНАЯ РЫБАКОВ

Набережная рыбаков, расположенная на восточном берегу реки Даньшуй рядом с её устьем и пляжем Шалун, – сравнительно новая туристическая достопримечательность этих мест. Она открыта для публики в марте 2001-го года и славится среди туристов великолепными видами и свежими морепродуктами. Примечательно, что небольшой порт в этом месте продолжает выполнять функцию рыболовецкого – рыбацкие трайлеры и прогулочные катера вместе швартуются у его причалов. Порт вмещает сто пятьдесят судов, а сама набережная, частично деревянная, может одновременно выдержать груз из 3.000 человек! Знаменитый арочный Белый мост, который ещё называют «Мостом влюблённых», был открыт в 2003-м году в День святого Валентина. Длина моста 164,9 метров, это идеальное место, откуда можно любоваться даньшуйским закатом.Прямо около порта построен белоснежный пятизвёздочный отель. До Набережной рыбаков можно добраться по земле и по воде, поэтому это очень популярное место у туристов.

Мост влюблённых

Пешеходный Мост влюблённых – 164, 9 метра в длину, 5 метров в ширину и 12 метров в высоту (в своей высшей точке). За прошедшие годы белая арка моста превратилась не только в узнаваемый символ Набережной рыбаков, но и вообще Даньшуя. Конструкция моста выполнена в форме наполненного  ветром паруса. Цвет моста, кажущийся издалека белым, в действительности светло-фиолетовый с розовым оттенком. Мост – излюбленная туристическая достопримечательность, особенно он привлекает молодых. Это связано с поверьем, что пара, прошедшая по мосту рука об руку, сохранит свои чувства до конца дней. Только нельзя оглядываться. И не разнимайте рук! Тогда вы будете жить долго и счастливо и умрёте в один день.

Башня влюблённых

 Башня влюблённых на Набережной рыбаков открыта в мае 2011-го года. На её возведение было затрачено триста миллионов новых тайваньских долларов. Башня сто метров в высоту и одновременно вмещает 80 человек. Башня, монтировавшаяся в Швейцарии в течении четырёх лет, имеет совершенно уникальную конструкцию: круговую застеклённую платформу, которая медленно вращается вокруг своей оси, позволяя посетителям увидеть панораму Даньшуя и его окрестностей.

Туристический порт

Хотя порт рядом с Набережной рыбаков продолжает сохранять свою рыболовецкую функцию, он постепенно и неуклонно превращается в своеобразный яхт-клуб. У его плавучего причала можно видеть самые разнообразные яхты и прогулочные катера. Их владельцы – состоятельные тайбэйцы, которые любят море и предпочитают проводить свободное время в окружении изумрудных волн и лазурного неба.Порт – одна из самых важных точек на маршруте «Голубой дороги», откуда можно любоваться завораживающими прибрежными видами северного Тайваня.

Тамканский мост

Предполагается, что Тамканский мост будет двухъярусным – для автотранспорта и поездов одновременно. Это будет первый такой мост на Тайване. Его проектирование началось ещё в конце 80-х годов прошлого века, строительство начнётся в 2016-м, а закончиться в 2020-м. Тамканский мост будет 44 метра в ширину, 20 метров в высоту; предельно допустимая скорость для авто – 100 километров в час (на нижнем ярусе), верхний ярус будет предназначен для поездов легкой железнодорожной системы. По предварительным расчётам, на строительство моста будет затрачено 15 миллиардов 300 миллионов новых тайваньских долларов.Введение моста в эксплуатацию должно дать импульс к развитию Даньхая, района в окрестностях Даньшуя.

Диалог

Q Обаяние и привлекательность Даньшуя особенно очевидны, когда вы смотрите на него сверху. Спокойствие и блаженство разлиты по всему городу.

A Не так давно с высоты птичьего полёта был снят фильм «Увидеть Тайвань», который взволновал многих зрителей. Тайвань остаётся всё таким же прекрасным, как и четыреста лет тому назад, когда португальские моряки восклицали в восхищении: "IslaFormosa!" – «Прекрасный остров!»

Q Да! Упомянутый документальный фильм также призывает людей стать более умеренными в своих потребностях и предостерегает от чрезмерного промышленного развития.

A Это так. Постепенное и хорошо спланированное развитие является обязательным. Решение о строительстве Тамканского моста было окончательно утверждено только после двадцати лет дебатов и дискуссий.

Q Мост должен быть главным приоритетом. Даньшуй станет еще более процветающим после его завершения.

A Остаётся надеется, что все будет так, как планируется, и развитие региона пойдёт постепенно. Бурный рост

населения в Даньшуе грозит перенаселённостью, что, конечно же, принесёт только лишние проблемы и плохо повлияет на уникальную окружающую среду.

Q **Летом в Даньшуе всегда шумно и оживлённо, а зимой, вероятно, очень мало приезжих?**

A Лето и осень – самое горячее туристическое время, Даньшуй в этот период напоминает какой-нибудь заграничный курорт – в городке проходят концерты, праздники, фестивали и ярмарки. Ну и, конечно же, солнце садиться каждый день, так что можно любоваться знаменитым даньшуйским закатом! Зимой сыро и холодно, а весной часты дожди, естественно, что приезжих намного меньше. Однако местный туристический бизнес ищет всевозможные способы для привлечения потенциальных клиентов.

Q **Говорят, что здешние морепродукты очень известные и вкусные?**

A Конечно! Даньшуй же окружён рыбацкими портами, само собой, что здесь разнообразие свежих морепродуктов. Кстати, хотите попробовать?

Ключевые слова

01. вантовый мост (сл.соч): 斜張橋

02. прогулочный катер (корабль) (сл.соч): 遊艇

03. вмещать/вместить (глаг.): 容納

04. сохранять/сохранить (глаг.): 保存、保有

05. объект(ы) (сущ.): 設施

06. пляж (для купаний) (сущ.): 海水浴場

07. недавно (только что) открытый (сл.соч): 最新開發

08. с высоты птичьего полёта (сл.соч): 俯視，鳥瞰

09. чрезмерная эксплуатация (сл.соч): 過度開發

10. доказать, свидетельствовать (глаг.): 證明，證實

11. оповещение, предупреждение (сущ.): 警戒、警報

12. соответствующие (скоординированные) меры (сл.соч): 配套措施

13. ледяной и промозглый (прил.): 冷颼颼的、冷得使人不舒服的

14. горячо, страстно (нар.): 熱烈地、熱情地

15. голубое небо (сл.соч): 藍天

16. изумрудный (прил.): 祖母綠的、碧綠的

17. цвета морской волны (сл.соч): 海浪的顏色（碧綠色）

18. малиновое, багряное небо (сл.соч): 滿天湛紅

19. объезжать (глаг.): 跨越

20. расходы, смета (сущ.): 支出額、經費

21. (дорожная) развязка (сущ.): 聯絡道、（高速公路上的）交流道

22. оттенок (сущ.): 色調

23. прекрасный, изумительный, восхитительный (прил.): 優美、美麗的

24. экспансивный, чрезмерный (прил.): 遼闊的

25. ориентир, символ места (сущ.): 地標

26. перспективный (прил.): 有前途的、大有可為的

27. очаровательный(прил.), очаровывающий (прич.): 富有魅力的；迷人的

28. увидеть панораму (сл.соч.): 盡收眼底

29. специально для пешеходов (сл.соч): 專供行人步行；пешеходный (прил.): 行人的；пешеход (сущ.): 行人

30. активно (нар.): 積極的

Tamsui
11

紅樹林

ХУНШУЛИНЬ, ИЛИ МАНГРОВАЯ РОЩА

Когда поезд метро приближается к станции Хуншулинь, взгляды пассажиров невольно обращаются к яркой, зеленой, пышной листве мангровых деревьев. Это местность объявлена заповедником мангровых рощ реки Даньшуй: примерно 76 га песчаных берегов и болот, образованных илистыми отложениями реки. Это самая большая местность такого рода на Тайване и самое северное на Земле место естественного произрастания мангровых деревьев. Эти буйные заросли водных деревьев именуются по-китайски «красным лесом» вследствие красноватого оттенка ветвей мангровых деревьев. Мангровые заросли приносят большую пользу людям. Они защищают берега, питают жизненную среду рыб и местной фауны, дают хворост для топлива и предоставляют людям хорошую возможность «вернуться к природе». У них есть и другие прозвища по-китайски, например, «рай для перелетных птиц» и «водяной лес».

Белые цапли

Цапли широко распространены на Тайване. Обычно они живут стаями на болотах и озерах, где питаются рыбой и насекомыми. Даньшуйские мангровые рощи – их главное место обитания; здесь их численность достигает несколько сотен. Когда вечерами они возвращаются небольшими группами в свои гнезда, их громкие крики нарушают молчание неба. Их белоснежные перья символизируют чистоту, изящество, ясность ума и милосердие. Говорят, что эти птицы живут только в счастливых местах. Где есть рисовые поля, там есть и цапли, которые охотятся на насекомых, – отличная форма борьбы с сельскохозяйственными вредителями!

Vandalia Obovata, или пестики-кисточки

Леса, растущие на берегу реки между станциями Чжувэй и Даньшуй, состоят из деревьев, которых называют пестики-кисточки. Эти деревья получили свое название оттого, что их вытянутые пестики длиной в 10-15 см немного напоминают кисти для письма и свисают с веток. Тычинки вываливаются из материнского растения и в этом висячем состоянии питаются его соками. Семена падают в грязь, когда отрываются от своего лона, пускают корни по поверхности земли и со временем превращаются в деревья. Тех, кто не застревает в грязи, уносит вода, и они пускают корни где придется. Для таких растений лучше всего подходит мягкая, хлористая почва бедная кислородом.

Экологическая дорожка

Экологическая дорожка Даньшуйского заповедника Хуншулинь – вымощенная досками дорожка, которая начинается от стации Хуншулинь и вьется по экопарку Хуншулинь. Ее длина не меньше километра, и с нее открываются прекрасные виды на гору Гуньинь, берег реки и прибрежные болота. Можно рассмотреть вблизи и даже потрогать пестики-кисточки, растущие у дорожки. Вокруг все живет и дышит: копошатся маленькие крабы, выслеживают добычу цапли. Это любимое место для наблюдателей птиц и прогулок по заболоченному берегу. Лучшее время для наблюдений за птицами — с сентября по май, когда здесь останавливаются перелетные птицы.

Диалог

Q — Белая цапля -- любимая птица тайваньцев. Стены автострад в Даньшуе украшены изображениями летящих цапель.

A Да, это так. На Тайване есть популярная колыбельная: «Цапля попыталась сесть на воду, но споткнулась. Она упала и нашла монетку». Смысл этой песенки в том, что дети, которым не с чем играть, превратятся в цаплю и найдут свое счастье.

Q Даньшуйские мангровые рощи служат перевалочным пунктом для перелетных птиц?

A Согласно исследованиям Всемирной федерации диких птиц, здесь водятся около 10 пород перелетных птиц, но численность их невелика вследствие близости города, большой плотности населения и скудости пищи. Тем не менее, маленьких птиц здесь немало, особенно на равнине Гуаньду, где построили несколько домиков для более тщательного наблюдения за птицами.

Q **Равнина Гуаньду объявлена природоохранной зоной, не так ли?**

A Да, это так. Она отнесена правительством к числу наименее развитых территорий. С тех пор, как к заболоченным местностям стали относиться внимательнее, было сделано немало для того, чтобы сберечь их и сделать полезными для людей. К примеру, они годятся для обучения природоохранным проектам и для семейного отдыха.

Q **Но разве равнина Гуаньду не была огромным болотом, а Цилянь – морским портом?**

A Вообще-то пойма Даньшуй была покрыта болотами, некоторые ее участки находятся ниже уровня моря, что делает их уязвимыми для наводнений. Случалось, что вода заливала и тайбэйское метро, что могло парализовать движение на несколько недель.

Q **Так что Тайбэй – это «место разлива вод»?**

A На Тайване очень важно держать водную стихию под контролем, но тайваньцы любят развлекаться на воде.

Ключевые слова

01. отмечать (глаг.): 標示、標誌

02. песчаный берег (сущ.): 沙洲、沙丘

03. водяное растение (сущ.): 水生植物

04. место обитания (сущ.): 棲息地（動物的）、產地（植物的）

05. цапля (сущ.): 白鷺鷥

06. колыбельная (сущ.): 童謠

07. домик (сущ.): 小屋

08. застой, стагнация (сущ.): 淤塞；停滯

09. контроль над водной стихией (сл.соч): 治水

10. рисовое поле (сущ.): 稻田、水田

11. быстрый (прил.): 快速的、敏捷的

12. устойчивый (прил.): 穩重的

13. белоснежный (прил.): 潔白的

14. семена, ростки (сущ.): 幼苗

15. материнское растение (сл.соч): 母株

16. питание (сущ.): 養份

17. оторваться (глаг.): 脫離

18. твердое дерево (сл.соч): 實木

19. маленький краб (сл.соч): 小蟹、招潮蟹

20. полоса прилива (сл.соч): 潮間帶

21. проходить (глаг.): 過境

Tamsui
12

淡水小吃

ЗАКУСКИ В ДАНЬШУЕ

Со своим славным рыбацким прошлым Даньшуй радует обилием кушаний — и местных, и иностранных. Он славится рыбными блюдами и разнообразием закусок и напитков. Здесь сложились разные стили гастрономической культуры. Наибольшей популярностью пользуются рыбные шарики, хрустящие рыбные хлопья, железные яйца и а-гэ. Последние два вида кушаний можно найти только на Старой улице. Мноие блюда можно приобрести только здесь, и они отражают ежедневные потребности простых людей. Современное меню демократично и обращено ко всем, а неповторимое своеобразие можно найти в любом блюде от самых обыкновенных до экзотических морских кушаний.

Рыбьи шарики

Когдлла Даньшуй был рыболовным портом, улов порой был так велик, что намного превосходил спрос на рыбу. Это означает, что помимо рыбы, продававшейся на рынке, все ее части использовались для приготовления различных закусок, таких как сущеная или хрустящая рыба. Большие рыбы вроде акулы или дельфина часто шли на изготовление сурими, вымоченного в маринаде или воде и разделанного в форме шариков. Некоторые рыбьи шарики варят со свининой, но они вкусны в любой похлебке. Сегодня рыбьи шарики делают из самых разных ингридиентов, и их можно встретить по всему миру.

Железные яйца

На обочине дороги, ведущей к парому, апо (старушки) часто продавали лапшу, а непроданные яйца варились снова и снова до тех пор, пока не превращались в маленькие черные шарики твердые,

как железо. Из любопытства их покупали приезжие, которые обнаруживали, что такие яйца имеют неплохой вкус, и их приятно жевать. Вскоре эти «железные яйца» стали известны по всему острову. Это еще одна закуска, которую можно встретить только на Тайване. Ее называют «железное яйцо апо». Их приготовление — долгий процесс. Яйца нужно варить в специальном отваре, а потом высушивать на ветру. Приготовление их занимает три дня.

Традиционные пирожные

В Даньшуе много лавок, где продают популярные традиционные пирожные. Эти пирожные имеют разный вкус, а способы их приготовления совершенствовались на протяжении многих столетий. Каждое из них имеет свой неповторимый аромат и представляет важную часть Даньшуйской кулинарной культуры. В 1984 г. один из Даньшуйских магазинов пирожных, Синь Шэн Фа, даже завоевал золотую медаль на Японской олимпиаде пирожных. На тайваньских свадьбах пирожные следует дарить родственникам жениха или невесты, а также близким друзьям.

Музей рыбьих шариков

Рыболовная компания Дэнфэн создала в 1963 г. хрустящие рыбьи хлопья как дополнение к основным видам питания. Они стали популярной закуской и часто служат подарком. Музей рыбьих голов был основан компанией Дэнфэн в 2004 г. и пока является единственным в мире учреждением такого рода. В цехе для туристов никогда не прерывается производство рыбьих шариков. В этом музее, занимающим площадь более 200 кв. м., есть три этажа: на первом находится магазин, на втором — выставочный зал, где демонстрируется рыболовное оборудование, а на третьем можно увидеть контейнеры, фотографии и обычную винтовку (Fusil Gras M80 1874), которую оставили французские моряки после франко-китайской войны 1884 г.

А-гэ

А-гэ — это упрощенный перевод японского слова, обозначающего разновидность соевого творога. Чтобы сделать а-гэ, соевый творог набивают соевой лапшой и запечатывают его сурими. Потом его держат на пару, приправляют сладким и острым соусом и заливают холодцом из рыбьих шариков или костного мозга. А-гэ есть только на Тайване. Его изобрел Ян Чжэн Цзинь-Вэнь в 1965 г., когда пытался найти применение остаткам еды. Главный магазин находится на улице Чжэньли. Сюда в основном приходят студенты, чтобы позавтракать или пообедать.

Диалог

Q **Множество туристов приезжают сюда за закусками, верно?**

A Тайваньская кухня занимает первое или второе место в мире. С ней могут соперничать разве что кухни континентального Китая и Японии. Но даже на континенте или в Гонконге нет такого разнообразия блюд, как на Тайване.

Q **А чем закуски отличаются от блюд?**

A Блюда подают на банкетах, и их может быть от 10 до 12, тогда как закуска обычно съедается отдельно, и ее можно назвать «уличной едой». Это в особенности относится к ночным рынкам, где можно найти множество разных закусок.

Q **Тайваньские закуски даже предлагают высокопоставленным гостям на официальных банкетах, не так ли?**

A Да, они — неотъемлемая часть тайваньской кухни, и их больше нигде нет.

Q Сколько существует видов тайваньских закусок? Где их можно найти?

A Еще никто не пробовал их сосчитать. Даже одинаковые по виду закуски имеют разный вкус и состав. Больше всего их имеется на ночных рынках. Некоторые рестораны тоже продают закуски, но их качество не всегда удовлетворительно.

Q Так что надо идти на ночной рынок!

A Я должен предупредить вас, что гигиена и качество обслуживания на ночных рынках иногда оставляют желать лучшего. Будьте осторожны.

Ключевые слова

01. питать (глаг.): 孕育

02. длительная история (сл.соч): 歷史悠久

03. простой народ (сл.соч): 普羅大眾

04. различные (прил.): 多樣

05. соперничать (глаг.): 媲美 、與……匹敵、比得上

06. выделяться (глаг.): 使傑出、使顯出特色

07. разнообразные (прил.): 多種多樣的、多變化的

08. рекомендовать (глаг.): 推薦、介紹

09. вельможа (сущ.), важный человек (сл.соч): 顯貴、要人

10. официальный банкет (сл.соч): 國宴

11. одинаковый (прил.): 完全相同的、完全相似的

12. представительный (прил.): 搬得上檯面的

13. превосходит ожидания (сл.соч): 期望落空

14. улов рыбы (сл.соч): 漁獲

15. выставочный зал (сл.соч): 展示廳

16. обыкновенная винтовка (сл.соч): 制式步槍

17. сурими (сущ.): 魚漿

18. отвар (сущ.): 湯汁

19. апетайзер: 食指大動

20. рукоделие (сущ.): 手工

21. ингредиент (сущ.): 配料

22. лоток на обочине (сл.соч): 路邊攤

23. уменьшить (глаг.): 減少；縮小；降低

24. долго жевать (сл.соч): 耐嚼的

25. сушеный (прил.): 風乾的

26. специальный рецепт (сл.соч): 特殊作法

27. магазин с давней репутацией (сл.соч): 老字號商店

28. усовершенствовать (глаг.): 提煉，精鍊；精製

29. ностальгия (сущ.): 懷舊之情

30. кухня (сущ.): 美食

31. этикет (сущ.): 禮節、禮節、禮儀

32. гастрономический (прил.): 烹飪學的

33. обилие (сущ.): 過多

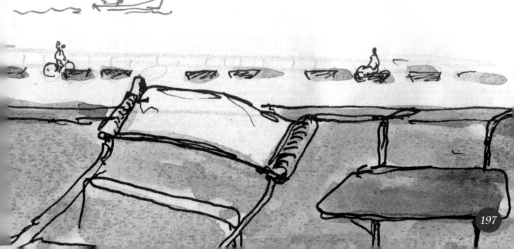

淡水藝文

Tamsui
13

ИСКУССТВО В ДАНЬШУЕ

В давние времена Даньшуй был воротами в новый мир для переселенцев из материкового Китая и местом сосредоточения власти. Во время полувекового японского правления, Даньшуй утратил свое влияние. Тем не менее, его прошлое оставило ему в наследство богатую культуру, множество достопримечательностей и исторических объектов. Сочетание ландшафта, природы и истории всегда привлекало сюда художников, писателей, артистов и музыкантов. Такие мероприятия, как Даньшуйский фестиваль искусств, Азиатская деревня искусств и театр танца Облачные Врата подтверждают значимость роли Даньшуя в мире искусства.

Даньшуйский мемориальный дом Иттеки

Даньшуйский мемориальный дом Иттеки, расположенный слева от крепости Хобе — это столетнее здание, перевезенное сюда из японского города Фукуй. Раньше здесь располагалась резиденция японского писателя Мицуками Цутому, а название дома — Иттеки, то есть капля воды, — это цитата из одного из произведений Цутому: «Капля воды хранит в себе мироздание». Этот дом, переживший Великое Ханьшиньское землетрясение в Японии в 1995 году был подарен Тайваню в знак солидарности после 921-го землетрясения на Тайване в 1999-м году. Даньшуйский мемориальный дом Иттеки был полностью отреставрирован 16-го августа 2009 года и открыт широкой публике 29 марта 2011 года. В реставрации принимали участие также волонтеры из Ханьшиня. Всего в работах приняло участие около 1300 волонтеров из Тайваня и Японии.

Даньшуйское храмовое шествие

На храмовом шествии чествуют божеств, и одна из связанных с шествием традиций — это проведение трапез под открытым небом. А трапеза в свою очередь — это море невообразимой еды и встреча всех родственников и друзей семьи. Традиция родилась давным-давно, когда люди старались предотвратить болезни, катастрофы и войны, призывая божеств охранять их родной город. Храмовые шествия по сей день остаются важной составляющей жизни современных людей, несмотря на то что их

религиозный смысл постепенно стирается. Даньшуйский парад начинается с церемонии у храма Цин Шуэй Цу Ши 6-го мая по лунному календарю (в середине июня по солнечному), и на шествие собирается весь город, в то время как дорожное движение почти полностью парализуется.

Даньшуйский фестиваль искусств.

Даншуйский фестиваль искусств проводится ежегодно в октябре, начиная с 2008 года. В 2013-м году фестиваль прошел под лозунгом «Мировой калейдоскоп», и 50 команд общим составом в полторы тысячи человек отразили в своем творчестве эту тематику живо и креативно. Проведение фестиваля стало возможным благодаря усилиям множества деятелей искусств и жителей города, ежедневно работающих над сохранением истории, легенд, обычаев и атмосферы Даншуя. Фестиваль искусств ежегодно собирает под своей эгидой представителей со всего мира, и в его рамках разворачиваются удивительные представления, посвященные четырехсотлетней истории.

Диалог

Q **Трогательная история мемориального дома Иттеки — это история тесных и дружественных отношений между Тайванем и Японией.**

A Тайвань и Япония всегда были тесно связаны, и сейчас между ними царит взаимопонимание в сфере туризма и бизнеса.

Q **С открытием в Даньшуе филиала всемирно известного театра танца Облачные врата культурная жизнь в городе станет еще ярче.**

A Руководство театра посчитало Даншуй лучшим местом для своего филиала. Облачные врата в Даншуе очень скоро представят публике спектакли и мастер-классы.

Q **Почему тайваньцы приносят в жертву своим богам свиней, в то время как на западе обычно для этих целей используют коров или ягнят?**

A Свиньи были самым распространенным домашним скотом на Тайване, своего рода своеобразным символ семьи. Ни одна семья не могла выжить без свиньи. Коровы и овцы встречались реже и их берегли для работы в поле, поэтому в жертву приносили свиней.

Q А правда, что раскармливание свиней для соревнований — это своего рода национальная забава?

A Это считается данью уважения божеству. Самая большая свинья в истории весила 1683 тайваньских фунтов (около 1010 метрических килограмм), откормить ее стоило большого труда. Мясо таких свиней обычно раздают родственникам и ближайшим друзьям на пикниках.

Q Вот было бы здорово объединить религиозные шествия и фестиваль искусств.

A Еще бы! Да вы прирождённый министр культуры!

Ключевые слова

01. снижать (глаг.): 淪落、降低

02. колония (сущ.): 殖民地

03. силы (сущ.): 列強

04. жажда жизни (сл.соч): 旺盛的生命力

05. международная перспектива (сл.соч): 國際觀

06. совместный (прил.): 相互的、彼此的

07. освящать (глаг.): 使神聖化

08. поклонение (сущ.): 敬仰 、禮拜

09. карнавал (сущ.): 嘉年華會

10. прокладывать тропу (сл.соч): 拓墾、闖天下

11. эндемический (прил.): 地方性的、特有的

12. цельный (прил.): 不可或缺的

13. калейдоскоп (сущ.): 萬花筒

14. жертва (сущ.): 災民

15. переезжать (глаг.): 重新安置（將⋯⋯）

淡江大學

Tamsui
14

ТАМКАНСКИЙ УНИВЕРСИТЕТ

Тамканский университет — это светское образовательное учреждение без промышленного финансирования. Однако его открытая академическая атмосфера и философия «образования без границ» делают его особенным. С самого основания Тамкана он ощущал поддержку со стороны жителей Даньшуя. Все началось с Тамканского колледжа английского языка, основанного в 1950-м году отцом и сыном Чжан Мин (или Чжан Цзян-Шэн) и Чжан Цзян-Бан. В 1958 его расширили до Тамканского колледжа наук и искусств, и, наконец, в 1980-м году он был зарегистрирован уже как Тамканский университет. Сейчас у Тамкана есть кампусы в Даньшуе, Тайбее и Ланъяне, а также практикуется дистанционное обучение. Университет насчитывает 8 факультетов, 27 тысяч студентов, 2100 преподавателей и 240 тысяч выпускников, что позволяет называть его одним из наиболее влиятельных и высокоорганизованных высших учебных заведений мира. Уже 18 лет подряд Тамкан лидирует в рейтинге «Лучших частных вузов по мнению предприятий», проводимом журналом Cheers с постоянной аудиторией в 2000 компаний.

Аудитории в китайском дворцовом стиле

Кампус Тамканского Университета славится своей красотой и живописностью на весь мир и не раз становился местом съемок кино и сериалов. Особый интерес представляют аудитории в китайском дворцовом стиле, построенные в 1954-м году. Это две одинаковых постройки, выполненные в традиционном стиле династии Тан с нефритово-зеленой черепицей и красными стенами. Вдоль центральной аллеи расположены 9 декорированных колонн и 18 скульптур драконов, каждая из которых освещена двумя фонарями в дворцовом стиле. Зажженные фонари излучают сияние, волшебным образом сочетающееся с закатом. Все это – работа Ма Ти-чена, первого декана Факультета Архитектуры. Аудитории существуют уже почти 60 лет, каждый день напоминая нам о славном прошлом.

Музей Мореплавания Тамканского Университета

Музей мореплавания Тамканского университета представляет собой здание в форме корабля площадью 2134 квадратных метра. Раньше здесь находился Институт Торговых Кораблей, где можно было узнать все о навигации и турбинах. Особый вклад в развитие музея внес Чжан Рон-Фа, президент группы компаний

Эвергрин. В 1989-м были проведены правительственные реформы в области образования, вследствие чего прекратился набор на некоторые программы обучения. Таким образом, последняя группа выпускников покинула стены института в 1989 году, а на его месте открыли Музей мореплавания, первый музей подобного рода на Тайване. В коллекции музея представлены модели кораблей со всего мира, как старинных, так и современных, а также 50 предметов из личной коллекции Линь Тьень Фу (директора музея). Музей был открыт для широкой публики в 1990-м году, и попасть в него можно совершенно бесплатно.

Свиточная площадь
(или же площадь Яичного ролла)

На месте свиточной площади раньше был двухэтажный учебный корпус и двор. В 1986-м году корпус снесли, а площадь засадили деревьями. В центре площади возведен монумент из четырех выпуклых бетонных плит. По задумке Линь Гуэй-рона,

архитектора и выпускника университета, этот монумент должен символизировать древние свитки. Так площадь была названа Свиточной, хотя среди студентов бытует еще одно название – площадь Яичного ролла – из-за сходства скрученных бетонных свитков и этого кушанья. Если смотреть на свиток сверху, то можно увидеть своеобразный мотор, который символизирует непрерывное стремление к движению и развитию. Белоснежные плиты приятны глазу и под голубым небом, и на закате, и поздним вечером. Здесь часто проводятся официальные и неофициальные университетские мероприятия и делаются незабываемые фотографии.

Официальный гимн Тамканского университета

Автор текста / Цзоу Лу   Композитор / Люй Цюань-Шэн

Наш славный Тамкан, всем морям открытый,

Ты знания даришь нам свет лучистый,

Самый твердый науки гранит тебе по зубам,

Образования клад ты даришь выпускникам.

Оплотом вечным будь,

Великие дела верши,

Студентам юным освещай нелегкий путь,

Чтобы юные умы сияли, будто звезды в небе.

Стремленье к знаниям вовеки не забудь,

И твердою рукой веди вперед, к победе.

Диалог

Q **Вот уже 17 лет Тамканский университет прочно удерживает позиции лидера среди частных университетов и занимает 8 место среди всех учебных заведений страны. Это просто невероятно.**

A Решающим фактором такого успеха стало то, что Тамкан был первым университетом подобного рода на Тайване и успел заработать себе хорошую репутацию. Помимо свободных академических программ, университет славится своим стилем управления, делающим акцент на глобализацию, компьютеризацию и футурологию.

Q **240 тысяч выпускников — внушительная цифра.**

A Более того, мы можем перевести ее в долю — один на сто. Иными словами, на сто тайваньцев приходится один выпускник Тамкана. Ничто так не делает рекламу университету, как его выпускники. Невероятно, однако встречаются семьи с выпускниками Тамкана в трех поколениях.

Q Тамканский университет, основанный 60 лет назад, пожалуй, первое, что приходит в голову при упоминании о Даньшуе.

A Бесспорно. Даньшуй многими воспринимается как университетский город, потому что, помимо Тамкана, здесь расположены кампусы университетов Алетейя и Святого Джона, а также Тайбэйского колледжа морских технологий и христианского колледжа Гуанду.

Q О чем больше всего скучают выпускники Тамкана?

A Пожалуй, о смене времен года в кампусе. А еще об аудиториях в китайском дворцовом стиле, с их старинным фонарями, где можно почувствовать себя в далеком прошлом. Однако выпускники могут навещать свою альма-матер каждый год, в марте, на встрече выпускников.

Q Тамкан — колыбель народной музыки, должно быть, она звучит повсюду?

A Музыкальные события проводятся действительно часто, хотя факультета музыки в Тамкане нет. Однако музыка звучит в кампусе постоянно, и многие выпускники добились популярности в сфере искусства как певцы, художники, актеры. Пожалуй, сама красота Тамкана пробуждает в студентах творческие наклонности.

Ключевые слова

01. вклад (сущ.): 貢獻

02. дуэт (сущ.): 二人組

03. выпускники (сущ.): 校友（複數）
(выпускник: 男校友　выпускница: 女校友）

04. высшее образование (сущ.): 高等教育

05. опрос (глаг.): 調查

06. всеобщий (прил.): 全面的

07. главенствующий (прил.): 佔優勢的、佔首位的

08. академический (прил.): 學術的

09. воображаемый (прил.): 有遠見的

10. подвижный (прил.): 輕快的、敏捷的

11. глобализировать (глаг.): 全球化

12. предвидение (сущ.): 遠見，先見之明

13. представитель (сущ.): 發言人

14. предшественник (сущ.): 前任、前輩

15. расширять (глаг.): 擴大、擴展

16. освещать (глаг.): 照亮、照射

17. излучать (глаг.): 發射（光、熱等）

18. декоративный (прил.): 裝飾用的

19. колонны (сущ.): 圓柱

20. турбина (сущ.): 渦輪

河岸自行車道

Tamsui
15

ВЕЛОСИПЕДНАЯ ДОРОЖКА ВДОЛЬ БЕРЕГА РЕКИ

Почти трехкилометровая велосипедная дорожка от Даньшуй до Хуншулиня тянется от Рыбачьего причала в Тамхае через мост Гуаньду к Бали и археологическомк музею Шисаньхан. Она предназначена только для пешеходов и велосипедистов, так что кататься по ней и приятно, и безопасно. С берега реки открывается множество красивых видов, а над головой проносятся поезда метро. Смотровая терраса, сооруженныя у дорожки, позволяет наблюдать за цаплями, крабами, водомерками, а также любоваться видом горы Гуаньинь на закате дня.

Прогулки на велосипеде в выходные дни

В 2002 г. правительство Тайбэя приступило к реализации программы развития велосипедных дорожек. Бвло решено построить такие дорожки вдоль рек Даньшуй, Цзилун, Цзинмэй и Синьдянь. Система велосипедных дорожек, которая имеет протяженность 111 км., охватывает Цзинмэй на юге, Нэйху на востоке и тянется к речной пойме у Гуаньду. Отдельные ее части именуются по названию местностей с красивыми видами, например, Дорожка Гуаньду, Дорожка Золотого пляжа, дорожка Бали. Красивые виды и близость к природе делают велосипедные прогулки в этих местах идеальной формой отдыха. С постройкой велосипедных дорожек прогулки на велосипедах по выходным дням стали прямо-таки всенародным делом.

Прогулка на велосипеде вдоль реки

Тайвань известен как царство велосипедов. Велосипеды фирм «Джайант» или «Мерида» входят в десятку лучших велосипедных брендов мира. Ежегодно на Тайване производится более 4,4 млн. велосипедов. Многие самые известные международные бренды производят свои велосипеды на острове. 2,7 млн. тайваньцев совершают прогулки на велосипедах, а 700

тыс. из них ежедневно пользуются велосипедом как средством передвижения. Прогулка на велосипеде по острову становится популярной формой отдыха. В настоящее время на Тайване имеется 40 велосипедных дорожек, их общая протяженность составляет 1,180 км. Дорпожки проложены в основном вдоль рек. Возьмите, к примеру, 60-километровую дорожку Даньшуй-Синдянь. По выходным дням он заполнена людьми, которые сочетают катание на велосипедах с любованием природой.

Юбайк

Правительство Тайбэя поручило компании «Джайант» организовать систему проката велосипедов «Юбайк». Девиз этой системы: «Юбайк, велосипед с улыбкой». Первые испытание этой системы прошли в марте 2009 г., а официально система начала действовать в ноябре 2012 г. С тех пор более 130 тыс. человек стали членами ее клуба, более миллиона раз велосипеды брали напрокат, а в городе соорудили 158 стоянок для велосипедов. Юбайк работала в убыток до тех пор, пока не стала массовой. Сейчас она – уникальная и неотъемлемая часть городской жизни, а принадлежащие ей велосипеды можно увидеть и на велосипедных дорожках в Даньшуй.

Диалог

Q **Сколько дней вам потребовалось, чтобы объехать остров на велосипеде?**

A Я проехал около 900 км. за 9 дней. Но можно и за семь и даже за пять, если ты профессиональный гонщик. Некоторые отчаянные головы заявили, что объедут остров за три дня.

Q **Почему молодым тайваньцам так нравится ездить вокруг Тайваня?**

A Это отличный способ хорошо узнать остров. В интернете часто утверждают, что любовь к Тайваню можно выразить тремя способами: объехать остров на велосипеде, подняться на гору Юйшань и переплыть Озеро Солнца и луны.

Q **А еще бывает, что работодатели устраивают велосипедные прогулки, чтобы напомнить своим работникам о важности сохранения здоровья.**

A Известный пример – Лю Цзинь-бао, владелец велосипедной компании «Джайант». Ему уже за 70, а он возглавил несколько велосипедных пробегов вокруг острова вместе с высокопоставленными служащими своей компании.

Q Система «Юбайк» в Тайбэе стала настоящей сенсацией и даже удостоилась ведущей статьи в журнале «Глоубал Трэвелер».

A «Велиб» – первая в своем роде программа использования общественных велосипедов, которая начала действовать в Париже в 2007 г. Примеру Парижа последовали многие города мира. Система аренды велосипедов «Юбайк» создана по тому же принципу и связана с системой единых проездных билетов.

Q иностранцы могут ею пользоваться?

A Конечно! Проездной билет и регистрация на стойке велосипедов – вот все, что для этого требуется.

Ключевые слова

01. велосипедист (сущ.): 自行車騎士

02. отчаянные головы (сл.соч): 蠻勇、不怕死的人

03. заботиться о здоровье (сл.соч): 養生

04. ощущение (сущ.): 感覺

05. редкое явление, феномен (сущ.): 稀有現象

06. платеж карточкой (сл.соч): 刷卡系統

07. повсеместный (прил.): 普遍存在的

08. безлюдный (прил.): 無人的、無人駕駛的

09. пробный пробег (сл.соч): 試營運

10. поручено (нар.): 受委任的

ССЫЛКИ〔參考資料〕

淡江大學文學院，《金色記憶：淡水學用與辭典》，淡大，2002。

莊展鵬主編，《台灣深度旅遊手冊2：淡水》，遠流，1990。

廖文卿主編，《淡水不思議》，新北市立淡水古蹟博物館，2013。

趙莒玲，《淡水心靈地圖》，黎明，2005

新北市政府官網：www.ntpc.gov.tw

淡水區公所官網：http://www.tamsui.ntpc.gov.tw

話說淡水

話說淡水

國家圖書館出版品預行編目資料

話說淡水 / 吳錫德編著；馬良文翻譯. -- 初版. -- 新北
市：淡大出版中心, 2015.04
　　面；　公分. -- (淡江書系；TB008)
中俄對照
ISBN 978-986-5982-78-2(平裝)

1.人文地理 2.新北市淡水區
733.9/103.9/141.4　　　　　　　　103027052

淡江書系 TB008

話說淡水
Поговорим о Даньшуе 　【中文俄文對照】

作　　者	吳錫德
譯　　者	馬良文
插　　圖	陳吉斯
攝　　影	吳秋霞、林盈均、邱逸清、周伯謙、陳美聖、馮文星
封面設計	斐類設計工作室
美術編輯	葉武宗
中文錄音	張書瑜、張柏緯
俄文錄音	馬良文、黃聖翰
影音剪輯	方舟軟體有限公司－陳雅文
印刷廠	中茂分色製版有限公司

發 行 人	張家宜
社　　長	林信成
總 編 輯	吳秋霞
執行編輯	張瑜倫

出 版 者	淡江大學出版中心
出版日期	2015年4月
版　　次	初版
定　　價	**360元**

總 經 銷	紅螞蟻圖書有限公司
展 售 處	**淡江大學出版中心**
	地址：新北市25137 淡水區英專路151號海博館1樓
	電話：02-86318661　　傳真：02-86318660
	淡江大學─驚聲書城
	新北市淡水區英專路151號商管大樓3樓
	電話：02-26217840

ISBN　978-986-5982-78-2　　　　　著作權所有・翻印必究